A farmácia de Platão

BIBLIOTECA PÓLEN

Para quem não quer confundir rigor com rigidez, é fértil considerar que a filosofia não é somente uma exclusividade desse competente e titulado técnico chamado filósofo. Nem sempre ela se apresentou em público revestida de trajes acadêmicos, cultivada em viveiros protetores contra o perigo da reflexão: a própria Crítica da razão, de Kant, *com todo o seu aparato tecnológico, visava, declaradamente, libertar os objetos da metafísica do "monopólio das escolas".*

O filosofar, desde a Antiguidade, tem acontecido na forma de fragmentos, poemas, diálogos, cartas, ensaios, confissões, meditações, paródias, peripatéticos passeios, acompanhados de infindável comentário, sempre recomeçado, e até os modelos mais clássicos de sistema (Espinosa com sua ética, Hegel com sua lógica, Fichte com sua doutrina da ciência) são atingidos nesse próprio estatuto sistemático pelo paradoxo constitutivo que os faz viver. Essa vitalidade da filosofia, em suas múltiplas formas, é denominador comum dos livros desta coleção, que não se pretende disciplinarmente filosófica, mas justamente portadora desses grãos de antidogmatismo que impedem o pensamento de enclausurar-se: um convite à liberdade e à alegria da reflexão.

Rubens Rodrigues Torres Filho

Jacques Derrida

A FARMÁCIA
DE PLATÃO

Tradução
Rogério Costa

ILUMI/URAS

Coleção Biblioteca Pólen
Dirigida por Rubens Rodrigues Torres Filho e Márcio Suzuki

Copyright © desta edição e tradução
Editora Iluminuras Ltda.

Capa
Fê
Estúdio A Garatuja Amarela
sobre *Verge* (1987). pinho e cedro vermelho pintados
[171 cm x 218 cm x 119 cm], Martin Puryear.
Cortesia da Coleção de Edward Broida Trust (Los Angeles).

Revisão
Carmen Garcez

Revisão do grego
Ariane da Silva Duarte

Dados Internacionais de Catalogação na Publicação (CIP)
(Câmara Brasileira do Livro. SP, Brasil)

Derrida, Jacques, 1930-2004.
  A farmácia de Platão / Jacques Derrida;
tradução Rogério da Costa. — São Paulo : Iluminuras, 2005
(1ª reimp., 2015).

  Título original: La pharmacie de Platon.
  ISBN 85-7321-222-5

  I. Platão 2. Platão – Crítica e interpretação.
  I. Título.

05-2812   CDD-184
         Índice para catálogo sistemático:
           1. Filosofia platônica   184

2017
EDITORA ILUMINURAS LTDA.
Rua Inácio Pereira da Rocha, 389 - 05432-011 - São Paulo - SP - Brasil
Tel. / Fax: 55 11 3031-6161
iluminuras@iluminuras.com.br
www.iluminuras.com.br

SUMÁRIO

Kólaphos/Kolápto

1. Farmaceia,

2. O Pai do Lógos,

3. A Inscrição dos Filhos:
   Theuth, Hermes, Thoth, Nabû, Nébo,

4. O *Phármakon*,

5. O *Pharmakeús*,

6. O *Pharmakós*,

7. Os Ingredientes:
   O Disfarce; o Fantasma; a Festa,

8. A Herança do *Phármakon*:
   A Cena de Família,

9. O Jogo:
   do *Phármakon* à Letra e do Cegamento ao Suplemento,

Kólaphos: golpe sobre a face, bofetada... *(kolápto)* *Kolápto:* penetrar, cortar, *parto referindo-se a pássaros,* bicar, *de onde,* abrir recortando com bicadas... *por anal. tratando-se do cavalo que bate o solo com seu casco.* 2. *segue-se* entalhar, gravar: *grámma eis aígeiron,* (álamo) Anth. 9, 341, ou *katá phloiou* (casca), Call. fr. 101, uma inscrição sobre um álamo ou sobre uma casca (R. *Klaph;* cf. R. *Gluph,* escavar, raspar).

Um texto só é um texto se ele oculta ao primeiro olhar, ao primeiro encontro, a lei de sua composição e a regra de seu jogo. Um texto permanece, aliás, sempre imperceptível. A lei e a regra não se abrigam no inacessível de um segredo, simplesmente elas nunca se entregam, no *presente,* a nada que se possa nomear rigorosamente uma percepção.

Com risco de, sempre e por essência, perder-se assim definitivamente. Quem saberá, algum dia, sobre tal desaparição?

A dissimulação da textura pode, em todo caso, levar séculos para desfazer seu pano. O pano envolvendo o pano. Séculos para desfazer o pano. Reconstituindo-o, também, como um organismo. Regenerando indefinidamente seu próprio tecido por detrás do rastro cortante, a decisão de cada leitura. Reservando sempre uma surpresa à anatomia ou à fisiologia de uma crítica que acreditaria dominar o jogo, vigiar de uma só vez todos os fios, iludindo-se, também, ao querer olhar o texto sem nele tocar, sem pôr as mãos no "objeto", sem se arriscar a lhe acrescentar algum novo fio, única chance de entrar no jogo tomando-o entre as mãos. Acrescentar não é aqui senão dar a ler. É preciso empenhar-se para pensar isso: que não se trata de bordar, a não ser que se considere que saber bordar ainda é se achar seguindo o fio dado. Ou seja, se se quer nos acompanhar, oculto. Se há uma unidade da leitura e da escritura, como hoje se pensa facilmente, se a leitura *é* a escritura, esta unidade não designa nem a confusão indiferenciada nem a identidade de todo repouso; o *é* que une a leitura à escritura deve descosê-las.

Seria preciso, pois, num só gesto, mas desdobrado, ler e escrever. E aquele que não tivesse compreendido nada do jogo sentir-se-ia, de repente, autorizado a lhe acrescentar, ou seja, acrescentar não importa o quê. Ele não acrescentaria nada, a costura não se manteria. Reciprocamente, aquele que a "prudência metodológica", as "normas de objetividade" e os "baluartes do saber" impedissem de pôr aí algo de si também não leria. Mesma tolice, mesma esterilidade do "não sério" e do "sério". O suplemento de leitura ou de escritura deve ser rigorosamente prescrito, mas pela necessidade de um *jogo*, signo ao qual é preciso outorgar o sistema de todos os seus poderes.

I

Já dissemos, excetuando-se muito pouco, tudo o que *queríamos dizer*. Nosso léxico, em todo caso, não está longe de se esgotar. Excetuado esse suplemento, nossas questões nomeiam apenas a textura do texto, a leitura e a escritura, a mestria e o jogo; do mesmo modo os paradoxos da suplementaridade e as relações gráficas do vivo e do morto: no textual, no têxtil e no histológico. Nós nos manteremos nos limites desse *tecido*: entre a metáfora do *istos*[1] e a questão sobre o *istos* da metáfora.

Uma vez que já dissemos tudo, tenhamos paciência se continuamos ainda. Se nos estendemos por força do jogo. Se, pois, *escrevemos* um pouco: sobre Platão, que dizia desde então, no *Fedro*, que a escritura só pode (se) repetir, que ela "significa" (*sēmaínei*) sempre o mesmo" e que ela é um "jogo" (*paidiá*).

NOTAS

[1] *Istos*, ou, propried. *objeto erguido*, de onde: I *mastro de navio*. II *rolo vertical* entre os antigos, não horizontal como entre nós (salvo nos Gobelins e nas manufaturas da Índia), de onde partem os fios da urdidura sobre o tear de tecelão, de onde: 1. *tear de tecelão*; 2. segue-se, *a urdidura fixada sobre o tear* de onde *a trama*; 3. *tecido, pano, pedaço de pano*; 4. p. anal, *teia de aranha*; ou *alvéolo de abelha*. III *vara, bastão*. IV p. anal. *osso de perna*.

1. FARMACEIA

Recomecemos. Então, a dissimulação da textura pode, em todo caso, levar séculos para desfazer seu pano. O exemplo que proporemos não será, tratando-se de Platão, o *Político*, no qual se pensaria inicialmente devido ao paradigma do tecelão e, sobretudo, ao paradigma do paradigma — a escritura — que o precede.[1] Aí só voltaremos após um longo desvio.

Partimos, aqui, do *Fedro*. Falamos do *Fedro* que precisou aguardar aproximadamente vinte e cinco séculos para que se deixasse de considerá-lo um diálogo malcomposto. Acreditava-se, inicialmente, que Platão era demasiado jovem para fazer a coisa benfeita, para construir um belo objeto. Diógenes Laércio reporta esse "diz-se" (*lógos [sc. esti], legétai*) segundo o qual o *Fedro* era o primeiro ensaio de Platão e comportava algo de juvenil (*meirakiõdēs ti*[2]). Schleiermacher acredita poder confirmar esta lenda com um argumento derrisório: um velho escritor não teria condenado a escritura como Platão o faz no *Fedro*. Argumento que não é apenas suspeito em si mesmo: ele autoriza a lenda laerciana a partir de uma outra lenda. Somente uma leitura cega ou grosseira pôde, com efeito, deixar correr o boato de que Platão condenava *simplesmente* a atividade do escritor. Nada aqui está isolado, e o *Fedro* procura também, na sua escritura, salvar — o que é também perder — a escritura como o melhor, o mais nobre jogo. Seguiremos mais adiante a ocorrência e o desenlace do belo jogo que Platão assim se dá.

Em 1905, reverteu-se a tradição de Diógenes Laércio, não para se chegar a reconhecer a boa composição do *Fedro*, mas agora para lhe atribuir os defeitos à senil impotência do autor: "O *Fedro* é mal composto. Esse defeito surpreende ainda mais se consideramos que Sócrates aí define a obra de arte como um ser vivo; mas a impossibilidade de realizar o que é bem-concebido é uma prova de velhice".[3]

Não estamos mais nesse ponto. A hipótese é, de uma forma rigorosa, segura e sutil, mais fecunda. Ela descobre novos acordes, surpreende-os num minucioso contraponto, numa organização mais secreta dos temas, dos nomes, das palavras. Ela desata toda numa *sumploké* entrelaçando com paciência os argumentos. O magistral da demonstração afirma-se e suprime-se nela ao mesmo tempo, com suavidade, ironia e discrição.

Em particular — e este será nosso fio suplementar —, toda a última parte (274 b sq.) consagrada, como se sabe, à origem, à história e ao valor da escritura, toda essa instrução do *processo da escritura* deverá um dia cessar de manifestar-se como uma fantasia mitológica sobreposta, um apêndice que o organismo do diálogo poderia muito bem dispensar sem prejuízo. Na verdade, ela é rigorosamente invocada de um extremo a outro do *Fedro*.

Sempre com ironia. Mas o que se passa aqui com a ironia e qual é seu signo maior? O diálogo compreende os únicos "mitos platônicos que são rigorosamente originais: a fábula das cigarras no *Fedro* e aquela de Theuth no mesmo diálogo".[4] Ora, as primeiras palavras de Sócrates, na abertura da conversa, tinham sido para "mandar passear" os mitologemas (229 c-230 a). Não para recusá-los de todo, mas para, ao mandá-los passear dando-lhes o campo, liberá-los da ingenuidade pesada e séria dos físicos "racionalistas" e, simultaneamente, despojar-se a si mesmo na relação a si e no saber de si.

Mandar passear os mitos, saudá-los, colocá-los de férias, despedi-los, essa bela resolução do *khaírein*, que quer dizer tudo isso ao mesmo tempo, será interrompida duas vezes para acolher esses "dois mitos platônicos", ou seja, "rigorosamente originais". Ora, ambos sobrevêm na abertura de uma questão sobre a coisa escrita. É sem dúvida menos aparente — e nós alguma vez o notamos? — para a história das cigarras. Mas não é menos seguro. Os dois mitos sucedem à mesma questão e estão separados apenas por um curto período, o tempo exato de um desvio. O primeiro não corresponde, por certo, à questão; ao contrário, suspende-a, marca a pausa e nos faz aguardar o prosseguimento que conduzirá ao segundo.

Leiamos. No centro muito bem calculado do diálogo — podem-se contar as linhas — indaga-se, com efeito, o que vem a ser a *logografia* (275 c). Fedro lembra que os cidadãos mais poderosos e mais venerados, os homens mais livres, sentem vergonha (*aiskhúnontai*) de "escrever discursos" e deixar atrás deles *sun-grammata*. Eles temem o julgamento da posteridade, temem passar por "sofistas" (257 d). O logógrafo, em sentido estrito, redigia, a favor dos que pleiteavam, discursos que ele próprio não pronunciava, que não assistia, se assim podemos dizer, pessoalmente, e cujos efeitos eram produzidos em sua ausência. Escrevendo o que não diz, não diria e, sem dúvida, na verdade jamais pensaria, o autor do discurso escrito já está instalado na posição do sofista: o homem da não-presença e da não-verdade. A escritura já é, portanto, encenação. A incompatibilidade do *escrito* e do *verdadeiro* anuncia-se claramente no momento em que Sócrates se põe a contar como os homens são levados para fora de si, ausentam-se de si mesmos, esquecem-se e morrem na volúpia do canto (259 c).

Mas a solução é adiada. A atitude de Sócrates ainda é neutra: escrever não é em si uma atividade vergonhosa, indecente, infamante (*aiskhrón*). Desonramo-nos apenas se escrevemos de modo desonroso. Mas o que é escrever de modo desonroso? E, também pergunta Fedro, o que é escrever de um belo modo (*kalôs*)? Esta questão desenha a nervura central, a grande dobra que divide o diálogo. Entre esta questão e a resposta que retoma dela os termos, na última parte ("...saber se, justamente, é decente ou indecente escrever, em quais condições é bom que isso se faça e em quais isso seria inconveniente, eis uma questão que nos resta, não é verdade?" 274 b), o fio continua sólido, senão bem visível, através da fábula das cigarras, dos temas da psicagogia, da retórica e da dialética.

Então Sócrates começa por mandar passear os mitos; e por duas vezes diante da escritura inventa dois, não bruscamente, nós o veremos, mas com mais liberdade e espontaneidade do que nunca em sua obra. Ora, o *khaírein*, no início do *Fedro*, tem *lugar em nome da verdade*. Refletir-se-á no fato de que os mitos retomem de suas férias no momento e em nome da escritura.

O *khaírein* tem lugar *em nome da verdade*: de seu conhecimento e, mais precisamente, da verdade no conhecimento de si. É o que explica Sócrates (230 a). Mas este imperativo do saber de si não é, antes de tudo, sentido ou ditado na imediatez transparente da presença a si. Ele não é percebido. Apenas interpretado, lido, decifrado. Uma hermenêutica *delimita* a intuição. Uma inscrição, o *delphikòn grámma*, que não é nada menos que um oráculo, prescreve através de sua cifra silenciosa, significa — como se significa uma ordem — a autoscopia e a autognose. As mesmas que Sócrates acredita poder opor à aventura hermenêutica dos mitos, ela também abandonada aos sofistas (229 d).

E o *khaírein* tem *lugar* em nome da verdade. Os *tópoi* do diálogo não são sem importância. Os temas, os lugares no sentido da retórica, estão estritamente inscritos, compreendidos em situações a cada vez significantes, eles são encenados; e nesta geografia teatral a unidade do lugar obedece a um cálculo ou a uma necessidade infalíveis. Por exemplo, a fábula das cigarras não teria tido lugar, não teria sido narrada, Sócrates não teria sido incitado, se o calor, que pesa sobre toda a conversação, não tivesse levado os dois amigos para fora da cidade, ao campo, junto ao rio Ilissos. Bem antes de narrar a genealogia da raça das cigarras, Sócrates evocara "a clara melodia de verão, que faz eco no coro das cigarras" (230 c). Mas este não é o único dos efeitos de contraponto exigidos pelo espaço do diálogo. O mito que dá pretexto ao *khaírein* e à dobra em direção à autoscopia só pode surgir, desde os primeiros passos desse passeio, no espetáculo de Ilissos. Não foi nestes lugares, pergunta Fedro, que Bóreas, acreditando-se na tradição, raptou Orítia? Essa margem, a pureza límpida dessas águas, devia acolher as jovens virgens, até mesmo atraí-las, como um encanto, e incitá-las ao jogo. Sócrates propõe, então, por escárnio, uma douta explicação do mito no estilo racionalista e fisicalista dos *sophoí*: foi no momento em que brincava com Farmaceia (*sùn Pharmakeíai paízousan*) que o vento boreal (*pneûma Boréou*) empurrou Orítia e precipitou-a no abismo, "contra as rochas próximas", "e que das próprias circunstâncias de sua morte nasceu a lenda de seu rapto por Bóreas. Quanto a mim, estimo, aliás, que explicações desse gênero, Fedro, têm seu atrativo; mas é preciso muita inteligência, muita aplicação laboriosa, e nelas não se encontra de forma alguma a felicidade...".

Esta breve evocação de Farmaceia, no início do *Fedro*, é casual? Um aperitivo? Uma nascente, "talvez curativa", assinala Robin, era consagrada a Farmaceia próxima do Ilissos. Retenhamos, em todo caso, o seguinte: que uma pequena mancha, isto é, uma nódoa (*macula*), marcava em fundo de pano, para todo o diálogo, a cena desta *virgem* precipitada no abismo, surpreendida pela morte *ao brincar com Farmaceia*. Farmaceia (*Pharmákeia*) é também um nome comum que significa a administração do *phármakon*, da droga: do remédio e/ou do veneno. "Envenenamento" não era o sentido menos corrente de "farmaceia", Antifon deixou-nos o logograma de uma "acusação de envenenamento contra uma madrasta" (*Pharmakeías katà tês mētruiâs*). Por seu jogo, Farmaceia levou à morte uma pureza virginal e um íntimo impenetrado.

Não muito mais adiante, Sócrates compara a uma droga (*phármakon*) os textos escritos que Fedro trouxe consigo. Esse *phármakon*, essa "medicina", esse filtro, ao mesmo tempo remédio e veneno, já se introduz no corpo do discurso com toda sua ambivalência. Esse encanto, essa virtude de fascinação, essa potência de feitiço podem ser — alternada ou simultaneamente

— benéficas e maléficas. O *phármakon* seria uma *substância*, com tudo o que esta palavra possa conotar, no que diz respeito a sua matéria, de virtudes ocultas, de profundidade críptica recusando sua ambivalência à análise, preparando, desde então, o espaço da alquimia, caso não devamos seguir mais longe reconhecendo-a como a própria antissubstância: o que resiste a todo filosofema, excedendo-o indefinidamente como não-identidade, não-essência, não-substância, e fornecendo-lhe, por isso mesmo, a inesgotável adversidade de seu fundo e de sua ausência de fundo.

Operando por sedução, o *phármakon* faz sair dos rumos e das leis gerais, naturais ou habituais. Aqui, ele faz Sócrates sair de seu lugar habitual e de seus caminhos costumeiros. Estes sempre o retinham no interior da cidade. As folhas da escritura agem como um *phármakon* que expulsa ou atrai para fora da cidade aquele que dela nunca quis sair, mesmo no último momento, para escapar da cicuta. Elas o fazem sair de si e o conduzem por um caminho que é propriamente de *êxodo*:

> FEDRO: ...tu fazes crer que és um estrangeiro que se deixa conduzir, e não um natural deste lugar. Fato é que não deixas a cidade nem para viajar além das fronteiras nem, pensando bem, que eu saiba, para ultrapassar os Muros!
> SÓCRATES: Seja indulgente comigo, meu bom amigo: veja, gosto de aprender. Assim, o campo e as árvores nada me ensinam, mas sim os homens da cidade. Tu, contudo, pareces ter descoberto a droga para me fazer sair! (*dokeîs moi tês emês exódou tò phármakon heurēkénai*). Não é agitando diante dos animais, quando eles têm fome, um ramo ou um fruto, que os conduzimos? Assim tu fazes para mim: com discursos em folhas (*en biblíois*) que seguras diante de mim, facilmente me farás circular através de toda a Ática, e ainda além, onde bem quiseres! De qualquer forma, uma vez que cheguei até aqui, quanto a mim, prefiro deitar-me! Toma a posição que julgares mais cômoda para ler e, quando a tiveres encontrado, faça tua leitura (230 d e).

É nesse momento, quando Sócrates enfim se deitou e quando Fedro tomou a posição mais cômoda para manejar o texto ou, se for o caso, o *phármakon*, que tem início a conversação. Um discurso pronunciado — por Lísias ou por Fedro em pessoa —, um discurso *presentemente* proferido em *presença* de Sócrates não teria tido o mesmo efeito. Apenas os *lógoi en biblíois*, falas diferidas, reservadas, envolvidas, enroladas, fazendo-se aguardar em espécie e ao abrigo de um objeto sólido, deixando-se desejar o tempo de um caminho, apenas as letras ocultadas podem fazer Sócrates caminhar dessa forma. Se pudesse estar meramente presente, desvelado, desnudado, oferecido em pessoa na sua verdade, sem os desvios de um significante estrangeiro, se, no limite, um *lógos* não diferido fosse possível, ele não seduziria. Ele não arrastaria Sócrates, como se estivesse sob o efeito de um *phármakon*, fora de seu rumo. Antecipemos. Desde já a escritura, o *phármakon*, o descaminho.

Ter-se-á notado que utilizamos uma tradução consagrada de Platão, a das edições Guillaume Budé, cuja autoridade é reconhecida. Aqui, para o *Fedro*, aquela de Léon Robin. Continuaremos a fazê-lo, inserindo, contudo, quando isto nos parecer oportuno e pertinente quanto a nosso propósito, o texto em grego entre parênteses. Assim, por exemplo, a palavra *phármakon*. É então que melhor deve aparecer, esperamos, essa polissemia regulada que permitiu, por deformação, indeterminação ou sobredeterminação, mas sem contrassenso, traduzir a mesma palavra por "remédio", "veneno", "droga", "filtro" etc. Veremos também a que ponto a unidade plástica desse conceito, ou melhor, sua regra e a estranha lógica que o liga ao seu significante foram dispensadas, mascaradas, obliteradas, dominadas por uma relativa ilegibilidade, pela imprudência ou pelo empirismo dos tradutores, por certo, mas antes de mais nada pela temível e irredutível dificuldade da tradução. Dificuldade de princípio, que se deve menos à passagem de uma língua para outra, de uma língua filosófica para outra, do que à tradição, nós o veremos, do grego ao grego, e violenta, de um não-filosofema a um filosofema. Com este problema de tradução, trataremos nada mais, nada menos, que do problema da passagem à filosofia. Os *biblía* que fazem Sócrates sair de sua reserva, e do espaço no qual ele gosta de aprender, ensinar, falar, dialogar — no recinto protegido da cidade —, esses *biblía* encerram o texto escrito pelo "mais hábil dos escritores atuais" (*deinótatos ỏn tỗn nûn gráphein*). Trata-se de Lísias. Fedro mantém o texto ou, se assim se quiser, o *phármakon*, oculto sob seu manto. Ele precisa dele já que não aprendeu o texto de cor. Este ponto é importante para a sequencia, o problema da escritura devendo ligar-se ao problema do "saber de cor". Antes que Sócrates se deitasse e convidasse Fedro a tomar a posição mais cômoda, este último tinha proposto restituir, sem a ajuda do texto, o raciocínio, o argumento, a intenção do discurso de Lísias, sua *diánoia*. Sócrates, então, o detém: "Bom, quando primeiramente, caro amado, me permitires ver o que em tua mão esquerda podes guardar, sob teu manto... Aposto, com efeito, que é o próprio discurso de Lísias (*tòn lógon autón*)" (228 d). Entre este convite e o começo da leitura, enquanto o *phármakon* circulava sob o manto de Fedro, ocorre a evocação de Farmaceia e a dispensa dada aos mitos.

É, enfim, acaso ou harmônico o fato de que, antes mesmo que a apresentação declarada da escritura como um *phármakon* intervenha no centro do mito de Theuth, os *biblía* e os *pharmáka* já estejam associados numa intenção antes de mais nada malévola ou desconfiada? À verdadeira medicina, fundada na ciência, são, com efeito, opostos, numa única linha, a prática empírica, a operação segundo receitas aprendidas de cor, o conhecimento livresco e o uso cego das drogas. Tudo isso, nos é dito, provém da *manía*: "Diriam, creio, que esse homem está louco: por ter ouvido falar disso em alguma parte num livro (*ek biblíou*) ou por ter conseguido por acaso alguns remédios (*pharmakíois*), ele acredita passar por médico, ainda que não compreenda uma gota sequer desta arte!" (268 c).

Esta associação da escritura e do *phármakon* ainda parece exterior; poder-se-ia julgá-la artificial e puramente fortuita. Mas a intenção e a entonação são reconhecidamente as mesmas: uma só e mesma desconfiança envolve, num mesmo gesto, o livro e a droga, a escritura e a eficácia oculta, ambígua, dada ao empirismo e ao acaso, operando segundo as vias do mágico e não segundo as leis da necessidade. O livro, o saber morto e rígido encerrado nos *biblía*, as histórias acumuladas, as nomenclaturas, as receitas e as fórmulas aprendidas de cor, tudo isso é tão estranho ao saber vivo e à dialética quanto o *phármakon* é estranho à ciência médica. Assim como o mito ao saber. Tratando-se de Platão, que soube na ocasião expor tão bem o mito, em sua virtude arqueo-logica ou paleo-lógica, vislumbra-se a extensão e a dificuldade desta última oposição. Esta dificuldade se acentua — é, entre cem outros, o exemplo que aqui nos detém — na medida em que a verdade — de origem — da escritura como *phármakon* será, inicialmente, deixada aos cuidados de um mito. Aquele de Theuth, ao qual chegamos neste momento.

Até esse ponto do diálogo, com efeito, o *phármakon* e o grafema se fizeram signo, se assim se pode dizer, de longe, remetendo indiretamente um ao outro, e como por acidente, aparecendo e desaparecendo juntos sobre a mesma linha, por uma razão ainda incerta, uma eficácia bastante discreta e talvez, em suma, não-intencional. Mas para afastar essa dúvida, e supondo que as categorias do voluntário e do involuntário ainda tenham alguma pertinência decisiva numa leitura — no que não acreditamos em nenhum momento, ao menos no nível textual em que avançamos —, passemos à última fase do diálogo, à entrada em cena de Theuth.

Desta vez, sem desvio, sem mediação oculta, sem argumentação secreta, a escritura é proposta, apresentada, declarada como um *phármakon* (274 e).

De certa forma, concebe-se que esta parte possa ter sido isolada como um apensei, um suplemento acrescentado. E apesar de tudo que o invoca nas etapas precedentes, é certo que Platão a oferece, um pouco, como uma diversão, um aperitivo ou, antes, uma sobremesa. Todos os assuntos do diálogo, temas e interlocutores, parecem esgotados no momento em que o suplemento, a escritura ou, se assim se quiser, o *phármakon*, são introduzidos: "Assim, pois, para o que é, no discurso, da arte como da ausência de arte (*tò mèn tékhnēs te kaì atekhnías lógōn*),[5] eis o suficiente..." (274 b). E, no entanto, é no momento desse esgotamento geral que se instala e se organiza a questão da escritura.[6] E como anunciava mais acima a palavra *aiskhrón* (ou o advérbio *aiskhrôs*), a questão da escritura abre-se como uma questão moral. O que está em jogo é a *moral idade,* tanto no sentido da oposição do bem e do mal, do bom e do mau, quanto no sentido dos costumes, da moralidade pública e das conveniências sociais. Trata-se de saber o que se faz e o que não se faz. Essa inquietude moral não se distingue de modo algum da questão da verdade, da memória e da dialética. Esta última questão, que logo será entendida como *a* questão da escritura, associa-se ao tema moral, desenvolve-o inclusive por afinidade de essência e não por superposição. Mas num debate tão presente pelo desenvolvimento político da cidade, pela propagação da escritura e pela atividade dos sofistas ou dos logógrafos, o que primeiro ressalta são, naturalmente, as conveniências políticas e sociais. A arbitragem proposta por Sócrates se dá na oposição entre os valores de conveniência e inconveniência (*euprepeía/aprepeía*): "...enquanto saber se, justamente, é decente ou indecente escrever, em quais condições é bom que isso se faça e em quais isso seria inconveniente, eis uma questão que nos resta, não é verdade?" (274 b).

Escrever é conveniente? O escritor faz boa figura? É decente escrever? Isso se faz?

Não, por certo. Mas a resposta não é tão simples e Sócrates não assume esta responsabilidade, de imediato, num discurso racional, num *lógos*. Ele a insinua, delega-a a uma *akoḗ*, a um boato que corre, a um conhecimento por ouvir dizer, uma história espalhada de boca em boca: "Ora, a verdade, é ela (a *akoé* dos antigos) quem a conhece; se pudéssemos, por nós mesmos, descobri-la, será que, verdadeiramente, ainda nos preocuparíamos com isso que acreditou a humanidade?" (274 c).

A verdade da escritura, ou seja, nós o veremos, a não-verdade, não podemos descobri-la em nós mesmos, por nós mesmos. E ela não é objeto de uma ciência, apenas de uma história recitada, de uma fábula repetida. Toma-se claro o vínculo da escritura com o mito, assim como sua oposição ao saber e especialmente ao saber que se colhe em si mesmo, por si mesmo. E ao mesmo tempo, pela escritura ou pelo mito, ficam significadas a ruptura genealógica e o distanciamento da origem. Notar-se-á, sobretudo, que aquilo de que a escritura será mais adiante acusada — repetir sem saber — define aqui o passo que conduz ao enunciado e à determinação de seu estatuto. Começa-se por repetir sem saber — por um mito — a definição da escritura: repetir sem saber. Este parentesco da escritura e do mito, ambos distintos do *lógos* e da dialética, só tende, de ora em diante, a ficar mais preciso. Após ter repetido sem saber que a escritura consistia em repetir sem saber, Sócrates não fará mais que apoiar a demonstração de seu requisitório, de seu *lógos*, nas premissas da *akoé*, nas estruturas legíveis através de uma fabulosa genealogia da escritura. Quando o mito levar os primeiros golpes, o *lógos* de Sócrates abaterá o acusado.

NOTAS AO PRIMEIRO CAPÍTULO

[1] "ESTRANGEIRO: É difícil, meu amigo, se não usamos paradigma, tratar um tema de alguma importância de modo satisfatório. Pois quase poderíamos dizer que cada um de nós sabe tudo como em um sonho e se encontra sem nada saber na claridade do despertar. SÓCRATES, o jovem: O que queres dizer? ESTRANGEIRO: É, ao que parece, um encontro bem esquisito que me faz tratar aqui do fenômeno que constitui em nós a ciência. SÓCRATES, o jovem: O que é? ESTRANGEIRO: Um paradigma, oh, bem-aventurado jovem, me é preciso um agora para explicar meu próprio paradigma. SÓCRATES, o jovem: Então fale, sem ter comigo necessidade de tantas hesitações! ESTRANGEIRO: Eu falaria, uma vez que te vejo pronto a me seguir. Pois sabemos, imagino, que as crianças, quando em todo frescor travaram conhecimento com a escritura... (*nótan árti grammáton émpeiroi gígnōntai...*)" (277 d e, tr. Dies). E a descrição do entrelaçamento (*sumplokḗ*) na escritura faz surgir a necessidade do recurso ao paradigma na experiência gramatical, depois conduz progressivamente ao uso desse procedimento em sua forma "real" e ao paradigma da tecelagem.

[2] Sobre a história das interpretações do *Fedro* e sobre o problema de sua composição, encontraremos um rico balanço em *Théorie platonicienne de l'amour*, de L. Robin (2. ed. Paris: PUF, 1964) e na "Introdução" do mesmo autor na edição Budé do *Fedro*.

[3] R. Raeder, *Platons philosophische Entwickelung*, Leipzig, 1905. E. Bourguet o critica no seu artigo "Sur la composition du *Phèdre*", in *Revue de Métaphysique et de Morale*, 1919, p. 335.

[4] P. Frutiger, *Mythes de Platon*, p. 233.

[5] Robin traduz aqui, quando se trata do *lógos*, *tekhnè* por arte. Mais adiante, durante o requisitório, a mesma palavra, concernente dessa vez à escritura, será traduzida por "conhecimento técnico" (275 c).

[6] Se, no *Curso* de Saussure, a questão da escritura é excluída ou regulada numa espécie de excursão preliminar e fora da obra, no *Essai sur l'origine des langues*, o capítulo que Rousseau lhe dedica é dado também, não obstante sua importância efetiva, como uma espécie de suplemento algo contingente, um critério de complemento, "outro modo de comparar as línguas e de julgar sobre sua antiguidade". Mesma operação na *Encyclopédie* de Hegel; cf. "Le puits et la pyramide" (I-1968), in *Hegel et la pensée moderne*, Paris: PUF, 1970, col. "Épiméthée".

2. O PAI DO LÓGOS

Assim começa a história:

> SÓCRATES: E então! Ouvi contar que viveu próximo a Naucrates, no Egito, uma das antigas divindades de lá, aquela cujo signo sagrado é o pássaro que eles chamam, tu sabes, ibis; e que o nome do deus era Theuth. Foi ele, pois, o primeiro a descobrir a ciência do número com o cálculo, a geometria e a astronomia, e também o jogo do gamão e os dados, enfim, saiba-o, os caracteres da escritura (*grámmata*). E, além disso, reinava em todo o Egito Thamous, cuja residência era essa grande cidade da região alta que os gregos chamam Tebas do Egito, e cujo deus é chamado por eles Amon. Theuth, vindo encontrá-lo, mostrou-lhe suas artes: "É preciso", declarou-lhe, "comunicá-las aos demais Egípcios!" Mas o outro lhe perguntou qual poderia ser a utilidade de cada uma delas, e, sobre suas explicações, conforme as julgasse bem ou mal fundadas, pronunciava tanto a censura quanto o elogio. Numerosas foram, pois, as reflexões que, a respeito de cada arte, Thamous, diz-se, fez a Theuth em ambos os sentidos: não se acabaria nunca de detalhá-las! Mas, chegada a vez de analisar os caracteres da escritura: "Eis aqui, oh, Rei", diz Theuth, "um conhecimento (*tò máthēma*) que terá por efeito tomar os Egípcios mais instruídos e mais aptos para se rememorar (*sophōtérous kaì mnēmonikōtérous*): memória e instrução encontraram seu remédio (*phármakon*). E o rei a replicar..." etc.

Interrompamos aqui o rei. Ele está diante do *phármakon*. Sabemos que vai replicar sem rodeios.

Imobilizemos a cena e os personagens. Contemplemos. A escritura (ou, se quisermos, o *phármakon*) é apresentada ao rei. Apresentada: como uma espécie de presente oferecido por um vassalo em homenagem a seu suserano (Theuth é um semideus falando ao rei dos deuses), mas, acima de tudo, como uma obra submetida a sua apreciação. E esta obra é ela mesma uma arte, uma potência obreira, uma força operadora. Esse *artefactum* é uma arte. Mas esse presente ainda é de valor incerto. O valor da escritura — ou do *phármakon* — é, por certo, dado ao rei, mas é o rei quem lhe dará seu valor. Quem fixará o preço daquilo que, recebendo, ele constitui ou institui. O rei ou o deus (Thamous[1] representa Amon, o rei dos deuses, o rei dos reis e o deus dos deuses. O *basileû*, diz-lhe Theuth) é, assim, o outro nome da origem do valor. A escritura não terá valor em si mesma, a escritura só terá valor se e na medida em que deus-o-rei a estime. Este não deixa de experimentar o *phármakon* como um produto, um *érgon*, que não é o seu, que lhe chega de fora, mas também de baixo, que aguarda seu julgamento condescendente para ser consagrado em seu ser e valor. Deus, o rei, não sabe escrever, mas esta ignorância ou esta incapacidade dão testemunho de sua soberana independência. Ele não tem necessidade de escrever. Ele fala, ele diz, ele dita, e sua fala é suficiente. Que um escriba de seu secretariado acrescente a isto ou não o suplemento de uma transcrição, essa consignação é por essência secundária.

A partir desta posição, sem recusar a homenagem, o rei-deus a depreciará, fará manifestar-se não apenas sua inutilidade, mas sua ameaça e seu malefício. Outro modo de não receber a oferenda da escritura. Assim fazendo, deus-o-rei-que-fala age como um pai. O *phármakon* é aqui apresentado ao pai e por ele rejeitado, diminuído, abandonado, desconsiderado. O pai suspeita e vigia sempre a escritura.

Mesmo que não queiramos, aqui, nos deixar conduzir pela passagem fácil que faz comunicar as figuras do rei, do deus e do pai entre si, bastaria prestar uma atenção sistemática — o que, que saibamos, nunca foi feito — à permanência de um esquema platônico que confere a origem e o poder da fala, precisamente do *lógos*, à posição paternal. Não que isto se produza somente e por excelência em Platão. Sabe-se ou imagina-se isso facilmente.

Mas que o "platonismo", que instala toda a metafísica ocidental na sua conceitualidade, não escape à generalidade desta sujeição estrutural, ilustrando-a até mesmo com um brilho e uma sutileza incomparáveis, só toma o fato mais significante.

Não que o *lógos* seja o pai. Mas a origem do *lógos* é *seu pai*. Dir-se-ia, por anacronia, que o "sujeito falante" é o pai de sua fala. Não se tardará a perceber que não há aqui nenhuma metáfora, se ao menos se compreende assim o efeito corrente e convencional de uma retórica. O *lógos* é um filho, então, e um filho que se destruiria sem a presença, sem a assistência presente de seu pai. De seu pai que responde por ele e dele. Sem seu pai ele é apenas, precisamente, uma escritura. É ao menos o que diz aquele que diz, é a tese do pai. A especificidade da escritura se relacionaria, pois, com a ausência do pai. Uma tal ausência pode se modalizar ainda de formas diversas, distinta ou confusamente, sucessiva ou simultaneamente: ter perdido seu pai de morte natural ou violenta, por uma violência qualquer ou por parricídio; em seguida, solicitar a assistência, possível ou impossível, da presença paterna. Solicitá-la diretamente ou pretendendo prescindir dela etc. Sabemos como Sócrates insiste sobre a miséria, deplorável ou arrogante, do *lógos* entregue à escritura: "... ele tem sempre necessidade da assistência de seu pai (*toû patròs aeì deîtai boēthoû*): sozinho, com efeito, não é capaz nem de se defender nem de dar assistência a si mesmo".

Esta miséria é ambígua: aflição do órfão, certamente, que tem necessidade não só de que se o assista com uma presença, mas de que se lhe traga assistência e se venha em seu socorro; mas se o órfão se queixa, também o acusamos, assim como à escritura, de pretender afastar o pai e dele emancipar-se, com suficiência e complacência. Da posição de quem tem o cetro o desejo da escritura é indicado, designado, denunciado como desejo de orfandade e subversão parricida. Não seria o *phármakon* um criminoso, um presente envenenado?

O estatuto deste órfão que assistência alguma pode amparar recobre aquele de um *ropheîn* que, não sendo filho de ninguém no momento mesmo em que vem a ser inscrito, mal permanece um filho e não *reconhece* mais suas origens: no sentido do direito e do dever. À diferença da escritura, o *lógos* vivo é vivo por ter um pai vivo (enquanto o órfão está semimorto), um pai que se mantém *presente*, *de pé* junto a ele, atrás dele, nele, sustentando-o com sua retidão, assistindo-o pessoalmente e em seu nome próprio. O *lógos* vivo reconhece sua dívida, vive desse reconhecimento e se interdita, acredita poder interditar-se o parricídio. Mas o interdito e o parricídio, como as relações da escritura e da fala, são estruturas surpreendentes o bastante para que tenhamos, mais adiante, que articular o texto de Platão entre um parricídio interdito e um parricídio declarado. Assassinato diferido do pai e reitor.

O *Fedro* já seria suficiente para provar que a responsabilidade do *lógos*, do seu sentido e de seus efeitos, cabe à assistência, à presença como presença do pai. É preciso interrogar incansavelmente as "metáforas". Assim Sócrates, dirigindo-se a Eros: "Se no passado, tanto Fedro quanto eu, dissemos algo de muito duro a teu respeito, é Lísias, pai do assunto (*tòn toû lógou patéra*), que tu deves incriminar" (257 b). *Lógos* tem aqui o sentido de discurso, de argumento proposto, de propósito diretor animando a conversa falada (*hó lógos*). Traduzi-lo, como o faz Robin, por "assunto" (*sujet*) não é somente anacrônico. Isso destrói a intenção e a unidade orgânica de uma significação. Pois só o discurso "vivo", só uma fala (e não um tema, um objeto ou um assunto de discurso) pode ter um pai; e, segundo uma necessidade que não cessará de iluminar-se para nós, os *lógoi* são crianças. Vivos o bastante para protestar quando for o caso e para se deixar questionar, capazes também, diferentemente das coisas escritas, de responder quando seu pai está presente. Eles são a presença responsável de seu pai.

Alguns, por exemplo, descendem de Fedro, e este é chamado a sustentá-los. Citemos ainda Robin que, desta vez, traduz *lógos* não por "assunto" (*sujet*), mas por "argumento" (*argument*), e interrompe, depois de dez linhas, o jogo sobre a *tékhnē tôn lógōn*. [Trata-se desta *tékhnē* da qual dispunham ou pretendiam dispor os sofistas e retóricos, ao mesmo tempo arte e instrumento, receita, "tratado" oculto mas transmissível etc. Sócrates considera aqui este problema clássico a partir da oposição da persuasão (*peithố*) e da verdade (*alētheia*) (260 a).]

> SÓCRATES: Concordo, ao menos no caso em que os argumentos (*lógoi*) que depõem em juízo atestem, a seu favor, que ela é uma arte (*tékhnē*)! Pois tenho a impressão de ouvir outros argumentos apresentados em seguida; e estes protestam que ela mente e que não é uma arte, mas uma prática desprovida de arte: "Se não estiver ligada à Verdade", diz o Lacônio, "uma autêntica arte da fala (*toû dè légein*) não existe nem poderá jamais nascer no futuro".
> FEDRO: Precisamos destes argumentos, Sócrates! (*Toútōn deî tôn lógon, ô Sốkrates*) Vamos! Produza-os aqui; questione-os: o que eles dizem e em quais termos (*tì kaì pỗs légousin*)?
> SÓCRATES: Vinde, pois, nobres criaturas (*gennaîa*), e convencei a Fedro, pai de belos filhos (*kallípaidá te Phaîdron*), de que, se ele não filosofou dignamente, tampouco será digno de falar sobre o que quer que seja! Que Fedro agora responda... (260 e - 261 a).

Ainda é Fedro, mas agora no *Banquete*, quem primeiro deve falar, pois ele "ocupa o primeiro lugar e é ao mesmo tempo o pai do discurso" (*platèr toû lógou*) (177 d).

O que continuamos, provisoriamente ou por comodidade, a chamar uma metáfora pertence, em todo caso, a um sistema. Se o *lógos* tem um pai, se ele só é um *lógos* assistido por seu pai, isto se deve ao fato de ele ser sempre um ente (*ón*) e mesmo um gênero de ente (*Sofista* 260 a), e, mais precisamente, um ente vivo. O *lógos* é um *zôon*. Este animal nasce, cresce, pertence à *phúsis*. Linguística, lógica, dialética e zoologia têm parte ligada.

Descrevendo o *lógos* como um *zôon*, Platão segue alguns retóricos e sofistas que, antes dele, opuseram à rigidez cadavérica

da escritura a fala viva, regulando-se infalivelmente sobre as necessidades da situação atual, as expectativas e a demandados interlocutores presentes, farejando os lugares onde ela deve se produzir, fingindo curvar-se no momento em que ela se apresenta ao mesmo tempo persuasiva e constrangedora.[2]
O *lógos*, ser vivo e animado, é também um organismo engendrado. Um organismo: um corpo *próprio* diferenciado, com um centro e extremidades, articulações, uma cabeça e pés. Para ser "conveniente", um discurso escrito *deveria* submeter-se como o próprio discurso vivo às leis da vida. A necessidade logográfica (*anánke logographikḗ*) deveria ser análoga à necessidade biológica ou antes zoológica. Sem o que, está claro, ela não terá mais nem pé nem cabeça. Trata-se mesmo de *estrutura* e *constituição* no risco, incorrido pelo *lógos*, de perder pela escritura seu pé e sua cabeça.

> SÓCRATES: Mas que dizer do resto? Não parece ter reunido confusamente os elementos do assunto (*tà toû lógou*)? Ou existe alguma evidente necessidade que obrigue aquele que vem em segundo no seu discurso a ser posto no segundo lugar, antes de tal outro dentre os que disse? Quanto a mim, como não conheço nada disso, tive, com efeito, a impressão de que, com bravura, o escritor os disse como lhe vinham à cabeça! Conheces, tu, alguma necessidade *logográfica* que o tenha obrigado a dispor assim esses elementos enfileirados uns ao lado dos outros?
> FEDRO: És muito honesto julgando-me capaz de discernir as intenções dele com tal precisão!
> SÓCRATES: Eis aqui, no entanto, ao menos uma coisa que afirmarias, penso: que todo discurso (*lógon*) deve ser constituído (*sunestánai*) como um ser vivo (*hṓsper zôon*): ter um corpo que seja o seu, de modo que não lhe falte a cabeça nem os pés, mas que tenha um meio ao mesmo tempo que extremos, que tenham sido escritos de modo a convir entre si e com o todo (264 b c).

Este organismo engendrado deve ser bem-nascido, de boa raça: "*gennaía!*", assim Sócrates interpelava, recordamo-nos, os *lógoi*, essas "nobres criaturas". Isto implica que este organismo, já que ele é engendrado, tenha um começo e um fim. A exigência de Sócrates faz-se aqui precisa e insistente — um discurso deve ter um começo e um fim, começar pelo começo e acabar pelo fim: "Ele está bem longe, parece, de fazer o que procuramos, este homem que não toma sequer o discurso pelo começo, mas antes pelo fim, tentando atravessá-lo nadando de costas para trás!, e que começa pelo que o amante, quando tivesse terminado, diria ao amado!" (260 a). As implicações e as consequências de uma tal norma são imensas e, também, evidentes o bastante para que não insistamos nelas. Resulta que o discurso falado comporta-se como uma pessoa assistida em sua origem e presente em si mesma. *Lógos:* "*Sermo tanquam persona ipse loquens*", diz tal *Léxico Platônico*.[3] Como toda pessoa, o *lógos-zôon* tem um pai.

Mas o que é um pai?

Deve-se supô-lo conhecido, e com esse termo — conhecido — esclarecer o outro termo, no que nos precipitaríamos a esclarecer como uma metáfora? Dir-se-ia então que a origem ou a causa do *lógos* é comprada ao que sabemos ser a causa de um filho vivo, seu pai. Compreender-se-ia ou imaginar-se-ia o nascimento e o processo do *lógos* a partir de um domínio que lhe é estranho, a transmissão da vida ou as relações de geração. Mas o pai não é o gerador, o procriador "real" antes e fora de toda relação de linguagem. No que se distingue a relação pai/filho, com efeito, da relação causa/efeito ou gerador/engendrado, senão pela instância do *lógos*? Só uma potência de discurso tem um pai. O pai é sempre o pai de um ser vivo/falante. Em outras palavras, é a partir do *lógos* que se anuncia e se dá a pensar algo como a paternidade. Se houvesse uma simples metáfora na locução "pai do *lógos*", a primeira palavra, que parecia a mais *familiar*, receberia da segunda, no entanto, mais significação do que ela lhe transmitiria. A primeira familiaridade tem sempre alguma relação de coabitação com o *lógos*. Os entes-vivos, pai e filho, anunciam-se a nós, relacionam-se mutuamente na domesticidade do *lógos*. Donde não se sai, apesar das aparências, para se passar, por "metáfora", a um domínio estrangeiro onde se encontrariam pais, filhos, seres vivos, toda espécie de entes bem instalados para explicar a quem não o soubesse, e por comparação, o que é o *lógos*, esta coisa estranha. Ainda que este *lar* seja o lar de toda metaforicidade, "pai do *lógos*" não é uma simples metáfora. Haveria uma a enunciar: que um ser vivo incapaz de linguagem, se quiséssemos ainda nos obstinar em acreditar em algo desse gênero, tem um pai. É preciso, pois, proceder à inversão geral de todas as direções metafóricas, não indagar se um *lógos* pode ter um pai, mas compreender que isso de que o pai se pretende pai não pode se dar sem a possibilidade essencial do *lógos*.

O *lógos devedor* a um pai, o que isso quer dizer? Como lê-lo ao menos na camada do texto platônico que aqui nos interessa? A figura do pai, sabe-se, é também aquela do bem (*agathón*). O *lógos representa* isto ao que ele é devedor, o *pai*, que é também um *chefe*, um *capital* e um *bem*. Ou antes *o* chefe, *o* capital, *o* bem. *Patĕr* significa em grego tudo isso ao mesmo tempo. Nem os tradutores nem os comentadores de Platão parecem ter dado conta do jogo desses esquemas. É muito difícil, reconheçamos, respeitá-lo numa tradução e, ao menos, explica-se assim o fato de que não o tenhamos jamais interrogado. Assim, no momento em que, na *República* (VI, 506 e), Sócrates renuncia a fala do bem em si mesmo, ele logo propõe substituí-lo por seu *ékgonos*, por seu filho, seu descendente:

> "...deixemos por agora a procura do bem tal como ele é em si; parece-me grandioso demais para que o impulso que temos nos leve agora até a concepção que tenho acerca dele. Mas quero muito vos dizer, se isso vos agrada, o que me parece ser o descendente (*ékgonos*) do bem e sua imagem mais próxima; caso contrário, deixemos a questão.
> Pois bem, disse, fale; uma outra vez tu te pagarás explicando-nos o que é o pai.
> Rogo aos deuses, respondi, que possamos, eu, pagar, vós, receber esta explicação que vos devo, em vez de nos limitarmos,

como fazemos, aos juros (*tókous*). Recebei, portanto, esse fruto, esse descendente do bem em si (*tókon te kaì ékgonon autoû toû agathoû*)".

Tókos, que é aqui associado a *ékgonos*, significa a produção e o produto, o nascimento e a criança etc. Esta palavra funciona com esse sentido nos domínios da agricultura, das relações de parentesco e das operações fiduciárias. Nenhum desses domínios escapa, nós o veremos, ao investimento e à possibilidade de um *lógos*.

Enquanto produto, o *tókos* é tanto a criança, a condição humana ou animal, quanto o fruto da semente confiada ao campo, quanto os juros de um capital; é um *lucro*. Podemos seguir no texto platônico a distribuição de todas essas significações. O sentido de *pater* é até mesmo por vezes flexionado no sentido exclusivo de capital financeiro. Mesmo na *República*, e não muito longe da passagem que acabamos de citar, um dos defeitos da democracia reside no papel dado ao capital por alguns: "E, não obstante, esses usurários de cabeça baixa, sem parecer ver aos desventurados, ferem com seu aguilhão, ou seja, com seu dinheiro, todos aqueles outros cidadãos que se lhes submetem e, centuplicando os juros de seu capital (*toû patròs ekgónous tókous pollaplasíous*), multiplicam no Estado os desocupados e os mendigos" (555 e).

Ora, desse pai, desse capital, desse bem, dessa origem do valor e dos entes manifestados, não podemos falar simples ou diretamente. Primeiro porque não podemos olhá-los na face tal como não o podemos ao sol. Que se queira reler aqui, quanto a essa ofuscação da vista diante da face do sol, a célebre passagem da *República* (VII, 515 c sq.).

Sócrates evocará, portanto, unicamente o sol sensível, filho semelhante e *análogon* do sol inteligível: "Pois bem, agora, saiba-o, prossegui, é o sol que entendia como filho do bem (*tòn toû agathoû ékgonon*), que o bem engendrou à sua própria semelhança (*hòn tagathòn egénnē sen análogon*), e que é, no mundo visível, em relação à vista e aos objetos visíveis, o que o bem é no mundo inteligível, em relação à inteligência e aos objetos inteligíveis" (508 c).

Como intercede o *lógos* nesta *analogia* entre o pai e o filho, o *nooúmena* e o *horómena*?

O bem, na figura visível-invisível do pai, do sol, do capital, é a origem dos *ónta*, de seu aparecer e de sua vinda ao *lógos* que os distingue e os reúne ao mesmo tempo: "Há um grande número de coisas belas, um grande número de coisas boas, um grande número de toda espécie de outras coisas, das quais afirmamos a existência e que distinguimos na linguagem" (*eînaí phamén te kaì diorízomen tỗ lógỗ*) (507 b).

O bem (o pai, o sol, o capital) é, pois, a fonte oculta, iluminante e cegante, do *lógos*. E como não se pode falar disso que permite falar (proibindo que se fale dele ou que se lhe fale face a face), se falará apenas disso que fala e das coisas que, exceção de uma só, se fala constantemente. Como não podemos dar conta ou razão disso de que o *lógos* (conta ou razão: *ratio*) é responsável ou devedor, como não podemos contar o capital e encarar o chefe, será preciso, por operação discriminativa e diacrítica, contar o plural dos juros, dos lucros, dos produtos, dos descendentes: "Pois bem, disse, fale (*lége*); uma outra vez tu te pagarás explicando--nos o que é o pai. Rogo aos deuses, respondi, que possamos, eu, pagar, vós, receber esta explicação que vos devo, em vez de nos limitarmos, como fazemos, aos juros. Recebei, portanto, esse fruto, esse descendente do bem em si; mas atentai para que eu não vos engane sem querê-lo, vos remetendo contas (*tòn lógon*) falsas dos juros (*toû tókou*)" (507 a).

Desta passagem reteremos também que com o cômputo (*lógos*) dos suplementos (ao pai-capital-bem-origem etc.), com o que vem além do um no movimento próprio em que ele se ausenta e se toma invisível, solicitando assim ser suprido, com a diferença e a diacriticidade, Sócrates introduz ou descobre a possibilidade sempre aberta do *kíbdēlon*, do que é falsificado, alterado, mentiroso, enganador, equívoco. Atenção, diz ele, que eu vos engano vos remetendo contas falsas dos juros (*kíbdēlon apodidoùs tòn lógon toû tókou*). *Kibdḗleuma* é a mercadoria falsificada. O verbo correspondente (*kibdeleúō*) significa "alterar uma moeda ou uma mercadoria e, por extensão, ser de má-fé".

Este recurso ao *lógos*, no medo de ser cegado pela intuição direta da face do pai, do bem, do capital, da origem do ser em si, da forma das formas etc., este recurso ao *lógos* como ao que nos mantém ao abrigo do sol, ao abrigo sob ele e dele, Sócrates o propõe em outro ponto, na ordem *análoga* do sensível ou do visível; citaremos longamente esse texto. Além de seu interesse próprio ele comporta, com efeito, na sua tradução consagrada — sempre aquela de Robin —, deslizes, se assim se pode dizer, muito significativos.[4] Trata-se, no *Fédon*, da crítica aos "físicos":

> "Então!, eis aqui, retoma Sócrates, quais foram depois disso minhas reflexões, e desde que me desencorajei do estudo do ser (*tà ónta*): devia prevenir-me contra o acidente de que são vítimas os espectadores de um eclipse solar na sua observação; é possível, com efeito, que nele alguns percam a vista, não tendo observado pelo reflexo da água ou por algum procedimento análogo a imagem (*eikóna*) do astro. Sim, é em algo desse gênero que de minha parte pensava: temia tomar-me completamente cego da alma, dirigindo assim meus olhos sobre as coisas e me esforçando, com cada um dos meus sentidos, em entrar em contato com elas. Pareceu-me, desde então, indispensável refugiar-me ao lado das ideias (*en lógois*) e procurar ver nelas a verdade das coisas... Assim, após ter tomado em cada caso, como base, a ideia (*lógon*) que é, a meu ver, a mais sólida etc." (99 d-100 a).

O *lógos* é, pois, o recurso, é preciso *voltar-se* para ele, e não somente quando a fonte solar está *presente* e nos ameaça queimar os olhos se os fixamos nela; é preciso ainda voltar-se para o *lógos* quando o sol parece ausentar-se em seu eclipse. Morto, apagado ou oculto, esse astro é mais perigoso do que nunca.

Deixemos correr esses fios. Nós os seguimos ainda apenas para nos deixar conduzir do *lógos* ao pai, e reatar a fala ao *kurios*, ao mestre, ao senhor, outro nome dado na *República* ao bem-sol--capital-pai (508 a). Mais tarde, no mesmo tecido, nos mesmos textos, puxaremos outros fios, e de novo os mesmos, para ver aí urdirem-se ou desatarem-se novos desenhos.

NOTAS AO SEGUNDO CAPÍTULO

[1] Thamous é sem dúvida, em Platão, o outro nome do deus Amon, cuja figura, nela mesma, esboçaremos mais adiante (rei solar e pai dos deuses). Sobre esta questão, e o debate ao qual ela deu lugar, cf. Frutiger, op. cit., p. 233, n. 2, e notadamente Eisler, *Platon und das ägyptische Alphabet*, in *Archiv für Geschichte der Philosophie*, 1922; Pauly-Wissowa, *Real Encyclopädie der classischen Altertumswissenschaft* (art. Ammon); Roscher, *Lexikon der griechischen und römischen Mythologie* (art. Thamus).
[2] A associação *lógos-zôon* aparece nos discursos de Isócrates, *Contra os sofistas*, e de Alcidamas, *Sobre os sofistas*. Cf. também W. Süss, que compara linha por linha esses dois discursos e o *Fedro* no *Ethos, Studien zur älteren griechischen Rhetorik* (Leipzig, 1910, p. 34 sq) e A. Diès, "Philosophie et rhétorique" in *Autour de Platon*, I, p. 103.
[3] Fr. Ast, *Lexique platonicien*. Cf. também B. Parain, *Essai sur le lógos platonicien*, 1942, p. 211, e P. Louis, *Métaphores de Platon*, 1945, pp. 43-44.
[4] Devo à amizade e à vigilância de Francine Markovits tal observação. Deve-se, bem entendido, conferir esse texto com aqueles dos livros VI e VII da *República*.

3. A INSCRIÇÃO DOS FILHOS: THEUTH, HERMES, THOT, NABÛ, NEBO

"A história universal continua seu curso; os deuses demasiado humanos que Xenófanes havia atacado foram rebaixados ao nível de ficções poéticas ou demônios, mas pretendia-se que um deles, Hermes Trimegisto, teria ditado livros, em número variável (42, segundo Clemente de Alexandria; 20.000, segundo Jâmblico; 36.525, segundo os padres de Thot, que era também Hermes): todas as coisas do mundo estavam escritas neles. Fragmentos dessa biblioteca imaginária, compilados ou forjados a partir do século III, compõem o que se chama o *Corpus hermeticum*..."

(Jorge Luis Borges.)

"A sense of fear of the unknown moved in the heart of his weariness, a fear of symbols and portents, of the hawklike man whose name he bore soaring out of his captivity on osier woven wing, of Thoth, the god of writers, writing whith a reed upon a tablet and bearing on his narrow ibis head the cusped moon."

(*A Portrait of the Artistas a Young Man.*)

"Uma outra escola declara que *todo o tempo* já se passou e que nossa vida é apenas a lembrança ou o reflexo crepuscular, e sem dúvida falseado e mutilado, de um processo irrecuperável. Outra, que a história do Universo — e nesta nossas vidas e seu mais ligeiro detalhe — é a escritura produzida por um deus subalterno para entender-se com um demônio. Outra, ainda, que o Universo é comparável a essas criptografias nas quais todos os símbolos não têm o mesmo valor..."

(Jorge Luis Borges.)

Queríamos apenas induzir a pensar que a espontaneidade, a liberdade, a fantasia atribuídas a Platão na lenda de Theuth foram vigiadas e limitadas por rigorosas necessidades. A organização do mito se submete a poderosas exigências. Estas coordenam em sistema regras que se assinalam tanto no interior do que se recorta empiricamente para nós como "obra de Platão" (acabamos de indicar algumas), como "cultura" ou "língua grega"; tanto, ao exterior, na "mitologia estrangeira". À qual Platão não tomou apenas emprestado, e emprestado um elemento simples: a identidade de um personagem, Thot, o deus da escritura. Não se pode, com efeito, falar — na falta, aliás, de se saber o que essa palavra poderia querer dizer aqui — de um empréstimo, ou seja, de uma adição exterior e contingente. Platão teve de adequar sua narrativa a leis de estrutura. As mais gerais, aquelas que articulam e comandam as oposições fala/escritura, vida/morte, pai/filho, mestre/servidor, primeiro/segundo, filho legítimo/órfão bastardo, alma/corpo, dentro/fora, bem/mal, seriedade/jogo, dia/ noite, sol/lua etc., dominam igualmente e segundo as mesmas configurações as mitologias egípcia, babilônica e assíria. Sem dúvida também outras, que não temos a intenção nem os meios de situar aqui. Ao nos interessarmos pelo fato de que Platão não tomou *emprestado* apenas um elemento *simples*, colocamos entre parênteses, portanto, o problema da genealogia factual e da comunicação empírica, efetiva, das culturas e das mitologias.[1] Só queremos anunciar a necessidade interna e estrutural que sozinha pôde tomar possíveis tais comunicações e todo contágio eventual dos mitemas.

Platão certamente não descreve o personagem de Theuth. Nenhum caráter concreto lhe é atribuído, nem no *Fedro* nem na breve alusão do *Filebo*. Tal é, ao menos, a aparência. Mas, olhando com insistência, deve-se reconhecer que sua situação, o conteúdo de seu discurso e de suas operações, a relação dos temas, conceitos e significantes nos quais suas intervenções estão comprometidas, tudo isso organiza os traços de uma figura marcante. A analogia estrutural que os relaciona com outros deuses da escritura, e antes de tudo com o Thot egípcio, não pode ser o efeito de um empréstimo parcial ou total, nem do acaso ou da imaginação de Platão. E sua inserção simultânea, tão rigorosa e estreita, na sistemática dos filosofemas de Platão, esta junção do mitológico e do filosófico remete a uma necessidade mais subterrânea.

Sem dúvida o deus Thot tem várias faces, várias épocas e habitações.[2] O emaranhado de narrativas mitológicas no qual ele é apreendido não deve ser negligenciado. Não obstante, invariantes distinguem-se por toda parte, desenham-se em caracteres espessos, em traços profundos. Seríamos tentados a dizer que elas constituem a identidade permanente desse deus no panteão se sua função, como veremos, não fosse trabalhar justamente na deslocação subversiva da identidade em geral, a começar por aquela do principado teológico.

Quais são os traços pertinentes para quem tenta reconstituir a semelhança estrutural entre a figura platônica e outras figuras mitológicas da origem da escritura? A colocação em evidência desses traços não deve servir apenas para determinar cada uma das significações no jogo das oposições temáticas, tais como acabamos de colocá-las em série, ou no discurso platônico, ou ainda numa configuração das mitologias. Ela deve dar acesso à problemática geral das relações entre mitemas e filosofemas na origem do *lógos* ocidental. Ou seja, de uma história — ou melhor, da história — que se produziu inteiramente na diferença *filosófica* entre *mûthos* e *lógos*, aprofundando-se nela, às cegas, como na evidência natural de seu próprio elemento.

No *Fedro*, o deus da escritura é, pois, um personagem subordinado, um segundo, um tecnocrata sem poder de decisão, um engenheiro, um servidor astucioso e engenhoso admitido a comparecer diante do rei dos deuses. Este admitiu recebê-lo em seu conselho. Theuth apresenta uma *tékhnē* e um *phármakon* ao rei, pai e deus que fala ou comanda com sua voz ensolarada. Quando este fizer ouvir sua sentença, quando, do alto, a tiver deixado cair, quando tiver *ao mesmo tempo* prescrito o abandono do *phármakon*, então Theuth não responderá. As forças em presença querem que ele permaneça em seu lugar.

Não tem ele o mesmo lugar na mitologia egípcia? Também nela, Thot é um deus engendrado. Chama-se frequentemente o filho do deus-rei, do deus-sol, de Amon-Ra: "Eu sou Thot, filho mais velho de Ra".[3] Ra (sol) é o deus criador e engendra pela mediação do verbo.[4] Seu outro nome, aquele pelo qual é precisamente designado no *Fedro*, é Amon. Sentido recebido deste nome próprio: o oculto.[5] Temos aqui, portanto, um sol oculto, pai de todas as coisas, deixando-se representar pela fala.

A unidade configurativa dessas significações — o poder da fala, a criação do ser e da vida, o sol (ou seja, também, o veremos, o olho), o ocultar-se — conjuga-se nisso que se poderia chamar a história do ovo ou o ovo da história. O mundo nasceu de um ovo. Mais precisamente, o criador vivo da vida do mundo nasceu de um ovo: o sol, portanto foi inicialmente levado na casca de um ovo. O que explica diversos traços de Amon-Ra: é também um pássaro, um falcão ("Eu sou o grande falcão saído de seu ovo."). Mas, enquanto origem do todo, Amon-Ra é também a origem do ovo. Designamo-lo ora como pássaro-sol nascido do ovo, ora como pássaro original, portador do primeiro ovo. Neste caso, e como o poder da fala e o poder criador são um só, alguns textos nomeiam "o ovo do grande tagarela". Não haveria aqui nenhum sentido em colocar a questão, ao mesmo tempo trivial e filosófica, do "ovo e da galinha", da anterioridade lógica, cronológica ou ontológica da causa sobre o efeito. A esta questão alguns sarcófagos responderam magnificamente: "Oh, Ra, que te encontras em teu ovo". Se se acrescenta que o ovo é um "ovo oculto",[6] teremos constituído, mas também aberto, o sistema dessas significações.

A subordinação de Thot, desse íbis, filho mais velho do pássaro original, assinala-se de várias formas: na doutrina menfita, por exemplo, Thot é o executante, pela língua, do projeto criador de Horus.[7] Ele carrega os signos do grande deus-sol. Ele o interpreta como seu porta-voz. E do mesmo modo que seu homólogo grego Hermes, ao qual Platão, aliás, nunca se refere, ele detém o papel do deus mensageiro, do intermediário astuto, engenhoso e sutil que furta e se furta sempre. O deus (do) significante. O que ele deve enunciar ou informar em palavras, Horus já o pensou. A língua à qual o fazem depositário e secretário apenas representa, para transmitir sua mensagem, um pensamento divino já formado, um desígnio decretado.[8] A mensagem não é, representa apenas o momento absolutamente criador. É uma fala segunda e secundária. E quando Thot enreda-se com a língua falada mais do que com a escritura, o que é sobretudo raro, ele não é o autor ou o iniciador absoluto da linguagem. Ao contrário, ele introduz a diferença na língua, sendo a ele que se atribui a origem da pluralidade das línguas.[9] (Nós nos indagaremos mais adiante, retomando a Platão e ao *Filebo*, se a diferenciação é um momento segundo e se esta "secundariedade" não é o surgimento do grafema como origem e possibilidade do próprio *lógos*. No *Filebo*, Theuth é, com efeito, evocado como o autor da diferença: da diferenciação na língua e não da pluralidade das línguas. Mas acreditamos que os dois problemas são, em sua raiz, inseparáveis.)

Deus da linguagem segunda e da diferença linguística, Thot só pode se tomar o deus da fala criadora pela substituição metonímica, por deslocamento histórico e, por vezes, por subversão violenta.

Assim, a substituição coloca Thot *no lugar* de Rá como a lua no lugar do sol. O deus da escritura toma-se, dessa forma, o suplente de Ra, reunindo-se a ele e substituindo-o em sua ausência e em sua essencial desaparição. Tal é a origem da lua como suplemento do sol, da luz noturna como suplemento da luz diurna. A escritura como suplemento da fala. "Enquanto Ra estava no céu, disse um dia: '*Faça-me vir Thot*', e levaram-no a sua presença. A majestade desse deus disse a Thot: '*Esteja no céu em meu lugar, enquanto brilho para os bem-aventurados nas regiões inferiores... Tu estás em meu lugar, meu substituto, e nomear-te-ão assim*: Thot, o substituto de Ra'. Depois, surgiu toda espécie de coisas graças aos jogos de palavras de Ra. Ele disse a Thot: '*Eu farei com que tu abraces (ionh) os dois céus com tua beleza e teus raios*' — então nasceu a lua (*ioh*). Mais adiante, fazendo alusão ao fato de que Thot ocupa, enquanto substituto de Ra, um lugar, por pouco que seja, subalterno: '*Eu farei com que tu envies (hôb) maiores que tu*' — então nasceu Íbis (*hib*), o pássaro de Thot."[10]

Esta substituição que se opera, pois, como um puro jogo de rastros* e suplementos ou, se queremos ainda, na ordem do puro significante que nenhuma realidade, nenhuma referência absolutamente exterior, nenhum significado transcendente vem bordejar, limitar, controlar; esta substituição que se poderia julgar "louca", uma vez que se dá ao infinito no elemento da permutação linguística de substitutos, e de substitutos de substitutos; este encadeamento desencadeado não é menos violento. Não se teria compreendido nada desta "imanência" "linguística" se aí víssemos o elemento pacífico de uma guerra fictícia, de um jogo de palavras inofensivo por oposição a algum pólemos que irromperia irascivelmente na "realidade". Não é uma realidade estranha aos "jogos de palavras" que Thot participa tão frequentemente aos complôs, às operações pérfidas, às manobras de usurpação voltadas contra o rei. Ele ajuda os filhos a se desembaraçarem do pai, os irmãos a se desembaraçarem do irmão quando este se tornou rei. Nout, maldita por Ra, não dispunha mais de nenhuma data, nenhum dia do calendário para dar nascimento a uma criança. Ra havia lhe barrado o tempo e todo dia de nascimento, todo período de vinda ao mundo. Thot, que tem também o poder de calcular sobre a instituição e o curso do calendário, acrescenta os cinco dias epagomênicos. Este tempo suplementar permite a Nout produzir cinco crianças: Haroeris, Seth, Ísis, Nephtys e Osíris, que deveria, mais tarde, tornar-se rei em lugar de seu pai, Geb. Durante o reino de Osíris (rei-sol), Thot, que

---

* *Rastro*: tradução do substantivo francês *trace*, já presente na primeira página em *rastro cortante* (*trace coupante*). Seguimos a tradução de M. Schnaiderman e R. Janini em *Gramatologia*. São Paulo: Perspectiva, 1973, p. 22. (N.T.)

era também seu irmão,[11] "iniciou os homens nas letras e nas artes", "criou a escritura hieroglífica para lhes permitir fixar seus pensamentos",[12] Mas, mais tarde, participa de um complô com Seth, irmão ciumento de Osíris. Conhece-se a célebre lenda da morte de Osíris: ardilosamente encerrado num cofre à sua medida, reencontrado após inúmeras peripécias por sua mulher, Ísis, quando seu cadáver foi despedaçado e depois disperso em catorze pedaços; Ísis os reencontrou todos, à exceção do fálus, engolido por um peixe oxirinco.[13] Isso não impede Thot de agir com o oportunismo o mais sutil e o mais descuidado. Transformada em abutre, Ísis deitou-se sobre o cadáver de Osíris. Ela engendra assim Horus, "a criança com-o-dedo-na-boca", que deveria mais arde, atacar o assassino de seu pai. Este, Seth, arrancou-lhe o olho, e ele arrancou a Seth seus testículos. Quando Horus consegue reaver seu olho, oferece-o a seu pai — e esse olho foi também a lua: Thot, se assim se quiser —, que foi reanimado e recuperou sua potência. No curso do combate, Thot separara os combatentes e, como deus-médico-farmacêutico-mágico, os curara de suas mutilações e tratara suas feridas. Mais tarde, quando o olho e os testículos estavam no lugar, deu-se um processo durante o qual Thot volta-se contra Seth, de quem havia, no entanto, sido o cúmplice, e faz valer como verdadeira a palavra de Osíris.[14]

Suplente capaz de dublar o rei, o pai, o sol, a fala, distinguindo-se apenas como seu representante, sua máscara, sua repetição, Thot podia também, naturalmente, suplantá-lo por completo e apropriar-se de todos os seus atributos. Ele se liga como o atributo essencial daquilo a que se liga e do que não se distingue por quase nada. Ele é diferente da fala ou da luz divina apenas como o revelador do revelado. Apenas.[15]

Mas antes, se assim se pode dizer, da adequação entre substituição e usurpação, Thot é essencialmente o deus da escritura, o secretário de Ra e dos nove deuses, hierogramático e hipomnetógrafo.[16] Ora, é mostrando, nós o veremos, que

o *phármakon* da escritura era bom para a *hupómnésis* (re-
-memoração, recoleção, consignação) e não para a *mnèmè*
(memória viva e conhecedora) que Thamous, no *Fedro*, denuncia
seu pouco valor.

Em seguida, no ciclo osiriano, Thot foi também o escriba
e o contador de Osíris, a quem se considera, então, não o
esqueceremos, como seu irmão. Thot é representado como o
modelo e o patrão dos escribas, tão importantes nas chancelarias
faraônicas: "Se o deus solar é o mestre universal, Thot é seu
primeiro funcionário, seu vizir, que se posta junto a ele em sua
barca para lhe fazer seus relatórios".[17] "Mestre dos livros", ele
se toma, ao consigná-los, registrá-los, cuidar de suas contas e
guardar seu depósito, o "mestre das palavras divinas".[18] Sua
companheira também escreve: seu nome, Seshat, significa sem
dúvida *aquela-que-escreve*. "Mestra das bibliotecas", ela grava
as façanhas dos reis. Primeira deusa capaz de gravar, ela marca
os nomes dos reis sobre uma árvore no templo de Heliópolis,
enquanto Thot faz o levantamento dos anos com entalhes sobre
um bastão. Conhece-se também a cena da titulação real reproduzi
da sobre os baixos-relevos de inúmeros templos: o rei está sentado
sob uma persea[**] enquanto Thot e Seshat inscrevem seu nome
sobre as folhas de uma árvore sagrada[19]. E aquela do julgamento
dos mortos: nos infernos, diante de Osíris, Thot consigna o peso
do coração-alma do morto.[20]

Pois o deus da escritura é também, isso é evidente, o deus da
morte. Não esqueçamos que, no *Fedro*, também se censurará à
invenção do *pharmákon* o substituir o signo ofegante à fala viva,
o pretender prescindir do pai (vivo e fonte de vida) do *lógos*, o
não poder mais responder por si como uma escultura ou uma
pintura inanimada etc. Em todos os ciclos da mitologia egípcia,
Thot preside a organização da morte. O mestre da escritura,
dos números e do cálculo não inscreve apenas o peso das almas

---

[**] *Persea*, no original. Nome de uma árvore famosa entre os antigos egípcios, aparecendo com frequência em cenas nas quais o deus Thot inscreve nela o nome de algum personagem real, para lhe assegurar uma vida eterna. (N.T.)

mortas, ele teria, inicialmente, contado os dias da vida, *enumerado a história*. Sua aritmética abrange também os acontecimentos da biografia divina. Ele é "aquele que mede a duração da vida dos deuses (e) dos homens".[21] Ele se comporta como um chefe do protocolo funerário e encarrega-se, em particular, da limpeza do morto.

Por vezes o morto ocupa o lugar do escriba. E no espaço desta cena, o lugar do morto recai sobre Thot. Pode-se ler sobre as pirâmides a história celeste de um morto: "*Aonde ele vai, pois?*, indaga um grande touro que o ameaça com seu chifre" (outro nome de Thot, noturno representante de Ra, é, digamos de passagem, "o touro entre as estrelas"). "*Ele vai ao céu, pleno de energia vital, para ver seu pai, para contemplar Ra*, e a criatura medonha o deixa passar." (Os livros dos mortos, dispostos no sarcófago junto ao cadáver, continham em particular fórmulas que deveriam lhe permitir "sair à luz do dia" e ver o sol. O morto deve ver o sol, a morte é a condição e até mesmo a experiência desse face a face. Pensemos no *Fédon*.) Deus o pai o acolhe em sua barca, e "acontece até mesmo que ele destitua seu próprio escriba celeste e coloque o morto em seu lugar, de tal forma que *este julga, é o árbitro e dá ordens a alguém que é maior que ele*".[22] O morto também pode se identificar simplesmente a Thot, "ele se chama simplesmente um deus; ele é Thot, *o mais forte dos deuses*".[23]

A oposição hierárquica entre o filho e o pai, o súdito e o rei, a morte e a vida, a escritura e a fala etc. completa seu sistema naturalmente com aquela entre a noite e o dia, o Ocidente e o Oriente, a lua e o sol. Thot, o "noturno representante de Ra, o touro entre as estrelas",[24] está voltado para o oeste. Ele é o deus da lua, quer se identifique a ela, quer a proteja.[25]

O sistema desses caracteres faz funcionar uma lógica original: a figura de Thot opõe-se ao seu outro (pai, sol, vida, fala, origem ou Oriente etc.), mas suprimindo-o. Ela se liga e se opõe repetindo-o ou tomando seu lugar. De um só golpe, ela toma forma, ela adquire a forma daquilo mesmo ao que ela resiste, ao mesmo tempo, e se substitui. Ela se opõe, desde então, a si mesma, passa em seu contrário, e esse deus-mensageiro é mesmo um deus da passagem absoluta entre os opostos. Se tivesse uma identidade — mas precisamente ele é o deus da não-identidade —, ele seria essa *coincidentia oppositorum* à qual recorreremos novamente. Distinguindo-se de seu outro, Thot também o imita, toma-se seu signo e representante, obedece-lhe, *conforma-se* a ele, o substitui, quando preciso, por violência. Ele é, pois, o outro do pai, o pai e o movimento subversivo da substituição. O deus da escritura é portanto, de uma só vez, seu pai, seu filho e ele próprio. Ele não se deixa assinalar um lugar fixo no jogo das diferenças. Astucioso, inapreensível, mascarado, conspirador, farsante, como Hermes, não é nem um rei nem um valete; uma espécie de *joker*, isso sim, um significante disponível, uma carta neutra, dando jogo ao jogo.

Esse deus da ressurreição interessa-se menos pela vida ou pela morte do que pela morte como repetição da vida e pela vida como repetição da morte, pelo acordar da vida e pelo recomeçar da morte. É o que significa o *número* do qual é também o inventor e o patrão. Thot repete tudo na adição do suplemento: suprindo o sol, ele é outro que o sol e o mesmo que ele; outro que o bem e o mesmo que ele etc. Tomando sempre o lugar que não é o seu, e que se pode chamar também o lugar do morto, ele não tem lugar nem nome próprios. Sua propriedade é a impropriedade, a indeterminação flutuante que permite a substituição e o jogo. O *jogo* do qual é também o inventor, Platão mesmo o lembra. Deve-se-lhe o jogo de dados (*kubeía*) e o gamão (*petteía*) (274 d). Ele seria o movimento mediador da dialética se também não o imitasse, impedindo-o com essa dublagem irônica, indefinidamente, de terminar em algum cumprimento final ou alguma reapropriação escatológica. Thot nunca está presente. Em nenhuma parte ele aparece em pessoa. Nenhum ser-aí lhe pertence *propriamente*.

Todos os seus atos serão marcados por essa ambivalência instável. Esse deus do cálculo, da aritmética e da ciência racional[26] comanda também as ciências ocultas, a astrologia, a alquimia. É o deus das fórmulas mágicas que acalmam o mar, narrativas secretas, textos ocultos: arquétipo de Hermes, deus do criptograma não menos que da grafia.

Ciência e magia, passagem entre vida e morte, suplemento do mal e da falta: a medicina devia constituir o domínio privilegiado de Thot. Todos os seus poderes resumiam-se aí e, aí, achavam onde se empregar. a deus da escritura, que sabe pôr fim à vida, cura também os doentes. E mesmo os mortos.[27] As estelas de Horus sobre os Crocodilos contam como o rei dos deuses envia Thot para curar Harsiesis, picado por uma serpente na ausência de sua mãe.[28]

O deus da escritura é pois um deus da medicina. Da "medicina": ao mesmo tempo ciência e droga oculta. Do remédio e do veneno. O deus da escritura é o deus do *phármakon*. E é a escritura como *phármakon* que ele apresenta ao rei no *Fedro*, com uma humildade inquietante como o desafio.

NOTAS AO TERCEIRO CAPÍTULO

[1] Aqui, podemos apenas remeter a todos os trabalhos sobre as comunicações da Grécia com o Oriente e o Oriente Médio. Sabe-se que eles são abundantes. Sobre Platão, suas relações com o Egito, a hipótese de sua viagem a Heliópolis, os testemunhos de Estrabão e Diógenes Laércio, encontraremos as referências e as peças essenciais na *Révélation d'Hermês Trimégiste*, de Festugière (t. I), *Platon à Héliopolis d'Égypte*, de R. Godel, *Prêtres de l'ancienne Égypte*, de S. Sauneron.
[2] Cf. Jacques Vandier, *Religion égyptienne*. Paris: PUF, 1949, em particular pp. 64-65.
[3] Cf. S. Morenz, *Religion égyptienne*. Paris: Payot, 1962, p. 58.
Esta fórmula é notável, segundo Morenz, pela presença da primeira pessoa. "Esta raridade nos parece notável porque tais fórmulas são frequentes nos hinos compostos em grego e fazem intervir a deusa egípcia Ísis ('Eu sou Ísis' etc.); estamos no direito, portanto, de nos perguntar se isso não trai uma origem extra-egípcia desses hinos".
[4] Cf. S. Sauneron, op. cit., p. 123. "O deus inicial, para criar, teve apenas de *falar*; e os seres e as coisas evocadas nasceram à sua voz" etc.
[5] Cf. Morenz, op. cit., p. 46, e S. Sauneron, que faz notar a este respeito: "O que significa exatamente seu nome, nós o ignoramos. Ele se pronunciava, no entanto, do mesmo modo que uma outra palavra que significava 'ocultar', 'ocultar-se', e os escribas jogavam com essa assonância para definir Amon como o grande deus que encobre seu real aspecto às suas crianças... Mas alguns não hesitavam em ir ainda mais longe: Hecate de Abdera recolheu uma tradição sacerdotal segundo a qual esse nome (Amon) seria o termo empregado no Egito para chamar alguém... É exato que a palavra *amoini* significa 'venha', 'venha a mim'; é um fato, por outro lado, que alguns hinos começam pelas palavras *Amoini Amoun*... 'Venha a mim, Amon.' A simples assonância dessas duas palavras incitou os padres a suspeitarem de alguma relação íntima entre elas — a encontrar nela a explicação do nome divino: *assim, dirigindo-se ao deus primordial... como a um ser invisível e oculto, o convidam e o exortam, chamando-o Amon, a mostrar-se a eles e a descobrir-se*" (op. cit., p. 127).
[6] Cf. Morenz, op. cit., pp. 232-233. O parágrafo que aqui se fecha terá marcado que esta farmácia de Platão implica também o texto de Bataille, inscrevendo na história do ovo o sol da parte maldita. O conjunto deste ensaio não sendo ele mesmo, como logo teremos compreendido, nada mais que uma leitura de *Finnegans Wake*.
[7] Cf. Vandier, op. cit., p. 36: "esses dois deuses [Horus e Thot] teriam sido associados no ato criador, Horus representando o pensamento que concebe, e Thot, a fala que executa" (p. 64). Cf. também A. Erman, *Religion des Égyptiens*. Paris: Payot, s/d., p. 118.
[8] Cf. Morenz, op. cit., pp. 46-47; e Festugiere, op. cit., pp. 70-73. Mensageiro, Thot é também, por conseguinte, intérprete, *hermeneús*. É um dos traços, dentre outros, muito numerosos desta semelhança com Hermes. Festugière o analisa no capítulo IV de seu livro.
[9] J. Černy cita um hino a Thot que começa nesses termos: "Salve a ti, Thot-Lua, que tomastes diferentes as línguas de cada país". Černy acreditou ser esse documento único, mas não tardou em perceber que Boylan (*Thoth, The Hermes of Egypt*, Londres, 1922) citava (p. 184) um outro papiro análogo ("tu que distinguistes [ou separastes] a língua de cada país estrangeiro"). Cf. Černy, *Thoth as creator of languages*, in *The Journal of Egyptian Archaeology*, Londres, 1948, p. 121 sq., S. Sauneron, "Différenciation des langages d'après la tradition égyptienne", B*ulletin de l'Institut français d'Archéologie orientale du Caire*, Le Caire, 1960.
[10] A. Erman, op. cit., pp. 90-91.
[11] A. Erman, op. cit., p. 96.
[12] J. Vandier, op. cit., p. 51.
[13] Ibid., p. 52.

[14] A. Erman, op. cit., p. 101.
[15] É assim que o deus da escritura pode se tomar o deus da fala criadora. É uma possibilidade estrutural que se deve ao seu estatuto suplementar e à lógica do suplemento. Pode-se também constatá-lo como uma evolução na história da mitologia. É o que faz em particular Festugiêre: "No entanto, Thot não se contenta com esse lugar secundário. No tempo em que os sacerdotes do Egito forjavam cosmogonias nas quais cada clero local desejava dar o primeiro papel ao deus que honrava, os teólogos de Hermópolis, rivais daqueles do Delta e de Heliópolis, elaboraram uma cosmogonia em que a parte principal era reservada a Thot. Como Thot era mágico, como conhecia a potência dos sons que, se são emitidos no justo tom, produzem infalivelmente seu efeito, é pela voz, pela fala ou, melhor, pelo encantamento que Thot devia criar o mundo. A voz de Thot é, assim, criadora: ela forma e cria; e, condensando-se a si mesma, coagulando-se em matéria, toma-se um ser. Thot identifica-se com seu sopro, cuja única emissão faz nascer todas as coisas. Não é impossível que essas especulações hermopolitanas tenham oferecido alguma semelhança com o *Lógos* dos gregos — conjunto Fala, Razão e Demiurgo — e a *Sophía* dos judeus alexandrinos; talvez mesmo, desde antes da era cristã, os sacerdotes de Thot tenham sofrido, sob esse aspecto, a influência do pensamento grego, mas não se poderia afirmá-lo" (op. cit., p. 68).
[16] Ibid., cf. também Vandier e Erman, op. cit., passim.
[17] Erman, op. cit., p. 81.
[18] Ibid.
[19] Vandier, op. cit., p. 182.
[20] Vandier, op. cit., pp. 136-137; Morenz, op. cit., p. 173; Festugiere, op. cit., p. 68.
[21] Morenz, op. cit., pp. 47-48.
[22] A. Erman, op. cit., p. 249.
[23] Ibid., p. 250.
[24] Ibid., p. 41.
[25] Boylan, op. cit., pp. 62-75; Vandier, op. cit., p. 65; Morenz, op. cit., p. 54; Festugiêre, op. cit., p. 67.
[26] Morenz, op. cit., p. 95. Outra companheira de Thot, Maât, deusa da verdade. Ela é também "a filha de Ra, a mestra do céu, aquela que governa o duplo país, o olho de Ra que não tem seu igual". A. Erman, na página que lhe consagra, escreve em especial o seguinte: "...atribui-se-lhe, como insígnia, Deus sabe por qual razão, uma pluma de abutre" (p. 82).
[27] Vandier, op. cit., p. 71 sq. Cf. sobretudo Festugière, op. cit., p. 287 sq. Numerosos textos sobre Thot inventor da magia acham-se aí reunidos. Um deles, que nos interessa aqui de modo muito particular, começa assim: "Fórmula para recitar *diante do sol*: 'Eu sou Thot, o inventor e o criador dos filtros e das letras etc.'" (p. 292).
[28] Vandier, op. cit., p. 230. A criptografia, a medicina mágica e a figura da serpente estão, aliás, entrelaçadas num surpreendente conto popular, transcrito por G. Maspéro, em *Contes populaires de l'Égypte ancienne*. É a aventura de Satni-Khamois com as múmias. Satni-Khamois, filho de um rei, "passava seu tempo correndo a metrópole de Mênfis para ler os livros de escritura sagrada e os livros da *Dupla casa de vida*. Um dia, um nobre zombou dele. 'Por que ris de mim?' O nobre disse: 'Eu não rio de ti; mas posso eu me impedir de rir quando decifras aqui escritos que não têm nenhuma potência? Se verdadeiramente desejas ler um escrito eficaz, venha comigo; eu te levarei ao local onde está o livro que Thot escreveu com suas próprias mãos e que te colocará imediatamente abaixo dos deuses. Das duas fórmulas que nele estão escritas, se recitas a primeira, encantarás o céu, a terra, o mundo da noite, as montanhas, as águas; compreenderás o que os pássaros do céu e os répteis dizem, todos eles, como eles são; verás os peixes, pois uma força divina os fará subir à superfície da água. Se lês a segunda fórmula, ainda que estejas na tumba, retomarás a forma que tinhas sobre a terra; e até mesmo verás o sol elevando-se no céu, e seu ciclo, a lua na forma que tem quando aparece'". Satni disse: "Pela vida! Que me digam o que desejas e farei te dar; mas leve-me ao local onde está esse livro!". O

nobre disse a Satni: "O livro em questão não é meu. Ele está no meio da necrópole, na tumba de Nenoferkeptah, filho do rei Minebptah... Abstenha-te de lhe tirar esse livro, pois ele te obrigaria a devolvê-lo com um forcado e um bastão na mão e um braseiro aceso na cabeça...". No fundo da tumba, a luz saía do livro. Os duplos do rei e de sua família estavam com ele, "pela virtude do livro de Thot"... Tudo isso se repetia. Nenoferkeptah já tinha vivido, ele mesmo, a história de Satni. O sacerdote lhe havia dito: "O livro em questão está no meio do mar de Coptos, num cofre de ferro. O cofre de ferro está num cofre de bronze; o cofre de bronze está num cofre de madeira de canela; o cofre de madeira de canela está num cofre de marfim e de ébano. O cofre de marfim e de ébano está num cofre de prata. O cofre de prata está num cofre de ouro, e o livro está neste último". [Erro do escriba? Minha primeira versão o tinha consignado ou reproduzido, e uma edição posterior do livro de Maspéro o assinalou, em nota: "O escriba enganou-se aqui na enumeração. Ele deveria ter dito: 'cofre de ferro encerra... etc.'. (Peça deixada por conta de uma lógica da inclusão).] E há um schoene [na época ptolomaica, por volta de 12.000 côvados reais de 0,52 m] de serpentes, de escorpiões de toda espécie, de répteis em torno do cofre em que está o livro, e há uma serpente imortal enroscada em volta do cofre em questão". Após três tentativas, o imprudente mata a serpente, bebe o livro dissolvido na cerveja e adquire, assim, a ciência ilimitada. Thot queixa-se disso diante de Ra e provoca os piores castigos.

Notemos, por fim, antes de deixarmos aqui o personagem egípcio de Thot, que há, além do Hermes grego, um homólogo notável no personagem de Nabû, filho de Marduk. Na mitologia babilônica e assíria, "Nabû é essencialmente o deus-filho e, da mesma forma que Marduk eclipsa seu pai, Ea, da mesma forma veremos Nabû usurpar o lugar de Marduk". (*Religions de Babylonie et d'Assyrie*, por E. Dhorme, Paris: PUF, 1945, p. 150 sq.) Marduk, o pai de Nabû, é o deus-sol. Nabû, "senhor do cálamo", "criador da escritura", "portador das tábuas dos destinos dos deuses", passa, às vezes, à frente de seu pai, de quem toma emprestado o instrumento simbólico, o marru. "Um objeto votivo de cobre, reencontrado em Suse e que representa 'uma serpente que tinha na garganta uma espécie de pá', estava marcado, nota Dhorme, com a inscrição 'enxada do deus Nabû'." (p. 155.) Cf. também *Dieux et le destin en Babylonie*, por M. David, Paris: PUF, 1949, p. 86 sq.

Poder-se-ia soletrar um por um todos os traços da semelhança entre Thot e Nabû bíblico (Nébo).

4. O *PHÁRMAKON*

"Para tais vícios, é preciso que o legislador encontre em cada caso um *phármakon*. O velho provérbio é verídico: é difícil combater ao mesmo tempo os dois contrários; as doenças e muitos outros males o provam." (*Leis*, 919 b)

Voltemos ao texto de Platão, a supor, no entanto, que em nenhum momento o tenhamos deixado. Nele, a palavra *phármakon* é tomada numa cadeia de significações. O jogo desta cadeia parece sistemático. Mas o sistema não é aqui, simplesmente, aquele das intenções do autor conhecido sob o nome de Platão. Esse sistema não é, em primeiro lugar, aquele de um querer-dizer. Comunicações regradas se estabelecem, graças ao jogo da língua, entre diversas funções da palavra e, nela, entre diversos sedimentos ou regiões da cultura. Essas comunicações, esses corredores de sentido, Platão pode por vezes declará-los, clareá-los, neles jogando "voluntariamente" — palavra que colocamos entre aspas porque designa, para permanecer nos limites dessas oposições, apenas um modo de "submissão" às necessidades de uma "língua" dada. Nenhum desses conceitos pode traduzir a relação que visamos aqui. Do mesmo modo, Platão pode, em outros casos, não ver as ligações, deixá-las na sombra ou interrompê-las. E, no entanto, essas ligações operam-se por si mesmas. Apesar dele? Graças a ele? Em *seu* texto? *Fora do* seu texto? Mas onde então? Entre seu texto e a língua? Para qual leitor? Em que momento? Uma resposta inicial e geral a tais questões nos parecerá pouco a pouco impossível; e isso nos fará desconfiar de alguma má-formação da própria questão, de cada um de seus conceitos, de cada uma das oposições assim acreditadas. Sempre se poderia pensar que se Platão não praticou algumas passagens, e mesmo as interrompeu, é por tê-las percebido, deixando-as, porém, no impraticável. Formulação que só é possível evitando todo recurso à diferença entre consciência e inconsciente, voluntário e involuntário, instrumento muito grosseiro quando se trata de abordar a relação com a língua. O mesmo ocorreria na oposição da fala — ou da escritura — à língua, se ela devesse, como é frequente o caso, remeter a essas categorias.

Esse motivo, por si só, já deveria nos impedir de reconstituir toda a cadeia de significações do *phármakon*. Nenhum privilégio absoluto nos permite dominar absolutamente seu sistema textual. Este limite pode e deve, contudo, deslocar-se numa certa medida. As possibilidades do deslocamento, os poderes de deslocamento são de natureza diversa e, mais do que enumerar aqui os títulos, tentemos produzir *no percurso* alguns de seus efeitos através da problemática platônica da escritura.[1] Acabamos de seguir a correspondência entre a figura de Thot na mitologia egípcia e uma certa organização de conceitos, filosofemas, metáforas e mitemas referidos a partir do que se chama o texto platônico. A palavra *phármakon* nos pareceu adequada a atar, neste texto, todos os fios dessa correspondência. Releiamos agora, sempre na tradução de Robin, a seguinte frase do *Fedro*: "Eis aqui, oh, Rei", diz Theuth, "um conhecimento (*máthēma*) que terá por efeito tornar os egípcios mais instruídos (*sophōtérous*) e mais aptos para se rememorar (*mnemenikotérous*): memória (*mnḗmē*) e instrução (*sophía*) encontraram seu remédio (*phármakon*)".

A tradução corrente de *phármakon* por *remédio* — droga benéfica — não é de certa forma inexata. Não somente *phármakon* poderia querer dizer *remédio* e desfazer, a uma certa superfície de seu funcionamento, a ambiguidade de seu sentido. Mas é também evidente que, a intenção declarada de Theuth sendo a de fazer valer seu produto, ele *faz girar* a palavra em tomo de seu estranho e invisível eixo e a apresenta sob apenas um, o mais tranquilizador, de seus *polos*. Esta medicina é benéfica, ela produz e repara, acumula e remedia, aumenta o saber e reduz o esquecimento. Contudo, a tradução por "remédio" desfaz, por sua saída da língua grega, o outro polo reservado na palavra *phármakon*. Ela anula a fonte de ambiguidade e toma mais difícil, senão impossível, a inteligência do contexto. Diferentemente de "droga" e mesmo de "medicina", *remédio* toma explícita a racionalidade transparente da ciência, da técnica e da causalidade terapêutica, excluindo assim, do texto, o apelo à virtude mágica de uma força à qual se domina mal os efeitos, de uma dinâmica sempre surpreendente para quem queria manejá-la como mestre e súdito.

Ora, *por um lado*, Platão tende a apresentar a escritura como uma potência oculta e, por conseguinte, suspeita. Como a pintura, à qual ele comparará mais adiante, e como o *trompe-l'œil* e as técnicas da *mímēsis* em geral. Sabe-se também de sua desconfiança diante da mântica, dos mágicos, dos feiticeiros, dos mestres de feitiço.[2] Nas *Leis*, em particular, ele lhes reserva punições terríveis. Segundo uma operação da qual deveremos nos lembrar mais tarde, ele recomenda excluí-los do espaço social, expulsá-los ou suprimi-los: e mesmo os dois ao mesmo tempo, pela prisão, onde não receberão mais a visita dos homens livres, mas apenas do escravo que lhes levará a alimentação; depois pela privação de sepultura: "Uma vez morto, será lançado fora dos limites do território, sem sepultura, e o homem livre que ajude no seu sepultamento será perseguido impiedosamente por quem queira lançar-lhe processo" (X 909 b c).

Por outro lado, a réplica do rei supõe que a eficácia do *phármakon* possa inverter-se: agravar o mal ao invés de remediá--la. Ou, antes, a resposta real significa que Theuth, por astúcia e/ou ingenuidade, exibiu o reverso do verdadeiro efeito da escritura. Para fazer valer sua invenção, Theuth teria, assim, des-naturado o *phármakon*, dito o contrário (*tounantíon*) daquilo de que a escritura é capaz. Ele fez um veneno passar por remédio. De tal forma que, ao traduzir *phármakon* por *remédio*, respeita--se, sem dúvida, mais do que o querer-dizer de Theuth, e mesmo de Platão, o que o rei diz que Theuth disse, enganando-o ou enganando-se assim. Desde então, o texto de Platão dando a resposta do rei como a verdade da produção de Theuth, e sua fala como a verdade da escritura, a tradução por *remédio* acusa a ingenuidade ou a artimanha de Theuth, *do ponto de vista do sol*. Desse ponto de vista, Theuth, sem dúvida, jogou com a palavra, interrompendo, para as necessidades de sua causa, a comunicação entre os dois valores opostos. Mas o rei restitui esta comunicação e a tradução não dá conta disso. No entanto, os dois interlocutores permanecem sempre, o que quer que façam e queiram eles ou não, na unidade do mesmo significante. Seus discursos desenvolvem-se nela, o que não é mais o caso na tradução. *Remédio*, menos que o fariam sem dúvida "medicina" ou "droga", obstrui a referência virtual, dinâmica, aos outros usos da mesma palavra na língua grega. Sobretudo, uma tal tradução destrói o que chamaremos, mais adiante, a escritura anagramática de Platão, interrompendo as relações que nela se tecem entre diferentes funções da mesma palavra em diferentes lugares, relações virtualmente mas, necessariamente, "citacionais". Quando uma palavra inscreve-se como a citação de um outro sentido dessa mesma palavra, quando a antecena textual da palavra *phármakon*, significando *remédio*, cita, re-cita e permite ler o que na mesma palavra significa, num outro lugar e a uma outra profundidade da cena, veneno (por exemplo, pois *phármakon* quer dizer ainda outras coisas), a escolha de uma só dessas palavras pelo tradutor tem como primeiro efeito neutralizar o jogo citacional, o "anagrama", e, em último termo, simplesmente a textualidade do texto traduzido. Poder-se-ia mostrar, sem dúvida, e tentaremos fazê-lo no momento propício, que esta interrupção da passagem entre valores contrários já é, ela mesma, um efeito de "platonismo", a consequência de um trabalho que já começou no texto traduzido, na relação de "Platão" com sua "língua". Não há nenhuma contradição entre esta proposição e a precedente. A textualidade, sendo constituída de diferenças e de diferenças de diferenças, é por natureza absolutamente heterogênea e compõe sem cessar com as forças que tendem a anulá-la.

Será preciso, pois, aceitar, seguir e analisar a composição dessas duas forças ou desses dois gestos. Esta composição é, até mesmo, num certo sentido, o único tema deste ensaio. Por um lado, Platão sustenta a decisão de uma lógica intolerante a essa passagem entre os dois sentidos contrários de uma mesma palavra, tanto mais que uma tal passagem se revelará como algo muito diferente de uma simples confusão, alternância ou dialética dos contrários. E no entanto, por outro lado, o *phármakon*, se nossa leitura se confirma, constitui o meio original desta decisão, o elemento que a precede, a compreende, a transborda, que não se deixa jamais reduzir a ela e não se separa de uma palavra (ou de um aparelho significante) única, operando no texto grego e platônico. Todas as traduções nas línguas herdeiras guardiãs da metafísica ocidental têm, pois, sobre o *phármakon* um *efeito de análise* que o destrói violentamente, o reduz a um dos seus elementos simples ao interpretá-lo, paradoxalmente, a partir do posterior que ele tomou possível. Uma tal tradução interpretativa é, pois, tão violenta quanto impotente: ela destrói o *phármakon*, mas ao mesmo tempo se proíbe atingi-lo e o deixa impenetrado em sua reserva.

A tradução por "remédio" não poderia ser, pois, nem aceita nem simplesmente recusada. Mesmo se se acreditasse salvar desse modo o polo "racional" e a intenção laudativa, a ideia de um *bom* uso da *ciência* ou da *arte* do médico, ainda se teria todas as chances de se deixar enganar pela língua. A escritura não é melhor, segundo Platão, como remédio do que como veneno. Antes mesmo que Thamous anuncie sua sentença pejorativa, o remédio é inquietante em si. É preciso, com efeito, saber que Platão suspeita do *phármakon* em geral, mesmo quando se trata de drogas utilizadas com fins exclusivamente terapêuticos, mesmo se elas são manejadas com boas intenções, e mesmo se elas são eficazes como tais. Não há remédio inofensivo. O *phármakon* não pode jamais ser simplesmente benéfico.

Por duas razões e em duas profundidades diferentes. Primeiro, porque a essência ou a virtude benéfica de um *phármakon* não o impede de ser doloroso. O *Protágoras* dispõe os *phármaka* entre as coisas que podem ser ao mesmo tempo boas (*agathá*) e penosas (*aniará*) (354 a). O *phármakon* é sempre colhido na mistura (*summeíkton*) da qual também fala o *Filebo* (46 a), por exemplo essa *ubris*, esse excesso violento e desmedido no prazer que faz gritar os descomedidos como loucos (45 e), e "o alívio que dá aos cheios de sarna a fricção e todos os tratamentos semelhantes, sem que haja necessidade de outros remédios (*ouk állēs deómena pharmaxéōs*)": Esta dolorosa fruição, ligada tanto à doença quanto ao apaziguamento, é um *phármakon* em si. Ela participa ao mesmo tempo do bem e do mal, do agradável e do desagradável. Ou, antes, é no seu elemento que se desenham essas oposições.

Depois, mais profundamente, para além da dor, o remédio farmacêutico é essencialmente nocivo porque artificial. Nisso Platão segue a tradição grega e mais precisamente aos médicos de Cos. O *phármakon* contraria a vida natural: não apenas a vida quando nenhum mal a afeta, mas mesmo a vida doente, ou antes a vida da doença. Pois Platão acredita na vida natural e no desenvolvimento normal, se assim se pode dizer, da doença. No *Timeu*, a doença natural é comparada, como o *lógos* no *Fedro*, a um organismo vivo que é preciso deixar se desenvolver segundo suas normas e suas formas próprias, seus ritmos e articulações específicas. Desviando o curso normal e natural da doença, o *phármakon* é, portanto, o inimigo do vivo em geral, seja ele são ou doente. Devemos nos lembrar, e Platão nos convida a isso, do momento em que a escritura é proposta como *phármakon*. Contrária à vida, a escritura — ou, se preferirmos, o *phármakon* — apenas *desloca* e até mesmo *irrita* o mal. Tal será, no seu esquema lógico, a objeção do rei à escritura: sob pretexto de suprir a memória, a escritura faz esquecer ainda mais; longe de ampliar o saber, ela o reduz. Ela não responde à necessidade da memória, aponta para outro lado, não consolida a *mnémē*, somente a *hupómnésis*. Ela age, pois, como todo *phármakon*. E se a estrutura formal da argumentação é a mesma, nos dois textos que iremos expor agora; se, nos dois casos, o que é suposto produzir o positivo e anular o negativo não faz mais que *deslocar* e ao mesmo tempo *multiplicar* os efeitos do negativo, conduzindo à proliferação da falta que foi sua causa, essa necessidade está inscrita no *signo phármakon*, que Robin (por exemplo) desmembra, aqui e ali, em remédio e droga. Dizemos *signo phármakon* querendo, com isto, marcar que se trata *indissociavelmente* de um significante e de um conceito significado.

A) No *Timeu*, que se estende, desde suas primeiras páginas, na distância entre o Egito e a Grécia, como entre a escritura e a fala ("Vós outros, gregos, vós sois sempre crianças: um grego nunca é velho", enquanto no Egito, "desde a antiguidade, tudo é escrito": *pánta gegramména*), Platão demonstra que, dentre os movimentos do corpo, o melhor é o movimento natural, aquele que, espontaneamente, de dentro, "nasce nele por sua própria ação":

> "Ora, dentre os movimentos do corpo, o melhor é aquele que nasce nele por sua própria ação, pois é mais adequado aos movimentos da Inteligência e àquele do Todo. Aquele que é provocado por uma outra causa é pior; mas o pior de todos é aquele que move parcialmente, pela ação de uma causa *estranha*, um corpo que jaz e repousa. Por isso, de todos os meios de purificar e revigorar o corpo, o melhor é aquele que se obtém pelos exercícios de ginástica. O segundo, após este, consiste no balanço ritmado que nos é proporcionado por um barco, ou quando somos levados de um modo qualquer sem fadiga. A terceira forma, que pode ser, por vezes, muito útil quando somos forçados a empregá-la, mas da qual jamais um homem de bom senso deve fazer uso sem necessidade, é a medicação pelo emprego de drogas depurativas (*tês pharmakeutikês katharséōs*). Pois não se deve irritar as doenças com remédios

(*ouk erethistéon pharmakeíais*), quando elas não oferecem grande perigo. Com efeito, a composição (*sústasis*) das doenças se assemelha, num certo sentido, à natureza do vivo (*tè tôn zôon phúsei*). Ora, a composição do ser vivo comporta, para cada espécie, alguns prazos de vida definidos. Cada vivo nasce tendo consigo uma certa duração de existência assinalada pelo destino, exceção feita aos acidentes devidos à necessidade... O mesmo se passa para a composição das doenças. Se, pela ação de drogas (*pharmakeíais*), pomos fim à doença antes do término fixado, de doenças leves nascem então, de ordinário, doenças mais graves e, de doenças em pequeno número, doenças mais numerosas. Daí porque todas as coisas desse gênero devem ser governadas pelo regime, na medida em que se tem possibilidade, mas não se deve, drogando-se (*pharmakeúonta*), irritar um mal caprichoso" (89 a d).

Teremos notado que:
1) A nocividade do *phármakon* é acusada no momento preciso em que todo o contexto parece autorizar sua tradução por "*remédio*" em vez de veneno.
2) A doença natural do vivo é definida em sua essência como alergia, reação à agressão de um elemento estranho. E é necessário que o conceito o mais geral de doença seja a alergia, já que a vida natural do corpo deve obedecer apenas aos seus movimentos próprios e endógenos.
3) Do mesmo modo que a saúde é autô-noma e autô-mata, a doença "normal" manifesta sua autarquia opondo às agressões farmacêuticas reações *metaestáticas* que deslocam o lugar do mal, eventualmente para reforçá-lo e multiplicar os pontos de resistência. A doença "normal" se defende. Escapando, assim, às exigências suplementares, à patogenia acrescentada do *phármakon*, a doença segue seu curso.
4) Este esquema implica que o vivo seja finito (e também seu mal): que ele possa, pois, ter relação com seu outro no mal da alergia, e que ele tenha uma duração limitada, que a morte esteja já inscrita, prescrita em sua estrutura, nos seus "triângulos

constitutivos". ("Com efeito, desde o princípio, os triângulos constitutivos de cada espécie foram concebidos com a propriedade de poder bastar até um prazo de tempo dado, prazo além do qual a vida não poderia prolongar-se jamais." Ibid.) A imortalidade e a perfeição de um ser vivo consistem em não terem relação com nenhum fora. É o caso de Deus (cf. *República*, II, 381 b c). Deus não tem alergia. A saúde e a virtude *(hugíeia kai areté*, que são frequentemente associadas quando se trata do corpo e, por analogia, da alma (cf. *Górgias*, 479 b), procedem sempre do dentro. O *phármakon* é o que, sobrevindo sempre do fora, agindo como o próprio fora, não terá, jamais, virtude própria e definível. Mas como excluir este parasita suplementar mantendo o limite, digamos, o triângulo?

B) O sistema desses quatro traços reconstitui-se quando, no *Fedro*, o rei rebaixa e deprecia o *phármakon* da escritura, palavra que não será preciso, pois, apressar-se, aí também, a considerar como metáfora, salvo se se deixa à possibilidade metafórica toda a sua potência de enigma.

Talvez possamos ler agora a resposta de Thamous:

"E o rei replicou: 'Incomparável mestre em artes, oh, Theuth (*O tekhnikṓtatú Theúth*), uma coisa é o homem capaz de trazer à luz a fundação de uma arte, outra aquele que é capaz de apreciar o que esta arte comporta de prejuízo ou utilidade para os homens que deverão fazer uso dela. Neste momento, eis que em tua qualidade de pai dos caracteres da escritura (*patèr ȍn grammáton*), atribuíste-lhes, por complacência para com eles, todo o contrário (*tounantíon*) de seus verdadeiros efeitos! Pois este conhecimento terá, como resultado, naqueles que o terão adquirido, tomar suas almas esquecidas, uma vez que cessarão de exercer sua memória (*lḗthēn mèn en psuchaîs paréxei mnḗmēs ameletēsía*): depositando, com efeito, sua confiança no escrito, é do fora, graças a marcas externas (*dià pístin graphês éxōthen hup' allotríōn tú-pōn*), e não do dentro e graças a si mesmos, que se rememorarão das coisas (*ouk éndothen autoùs huph' autôn anamimnēskoménous*). Não é, pois, para a memória, mas para a rememoração que tu descobristes um remédio (*oúkoun mnḗmēs, allà hupomnḗseōs, phármakon heûres)*. Quanto à instrução (*Sophías dè*), é a aparência (*dóxan*) dela que ofereces a teus alunos, e não a realidade (*alḗtheian*): quando, com efeito, com tua ajuda, eles transbordarem de conhecimentos sem terem recebido ensinamento, parecerão bons para julgar muitas coisas, quando, na maior parte do tempo, estarão privados de todo julgamento; e serão, além disso, insuportáveis, já que terão a aparência de homens instruídos (*doxósophoi*) em vez de serem homens instruídos (*antì sophỗn*)!'" (274 e-275 b.).

O rei, o pai da fala, afirmou assim sua autoridade sobre o pai da escritura. E ele o fez severamente, sem manifestar, em vista daquele que ocupa a posição de seu filho, esta indulgência complacente que ligava Theuth a seus próprios filhos, a seus "caracteres", Thamous apressa-se, multiplica as reservas e não quer, visivelmente, deixar a Theuth nenhuma esperança.

Para que a escritura produza, como ele o diz, o efeito "inverso" daquele que se poderia esperar, para que esse *phármakon* revele--se, ao uso, nocivo, é preciso que sua eficácia, sua potência, sua *dúnamis* seja ambígua. Como é dito do *phármakon* no *Protágoras*, no *Filebo* e no *Timeu*. Ora, essa ambiguidade, Platão, pela boca do rei, quer dominá-la, dominar sua definição na oposição simples e nítida: do bem e do mal, do dentro e do fora, do verdadeiro e do falso, da essência e da aparência. Se relermos os considerandos do julgamento real, encontraremos aí esta série de oposições. E disposta de tal modo que o *phármakon*, ou, se assim se preferir, a escritura, só possa aí girar em círculos: é em aparência que a escritura é benéfica para a memória, ajudando-a do interior, por seu movimento próprio, a conhecer o verdadeiro. Mas, na verdade, a escritura é essencialmente nociva, exterior à memória, produtora não de ciência mas de opinião, não de verdade mas de aparência. O *phármakon* produz o jogo da aparência a favor do qual ele se faz passar pela verdade etc.

Mas enquanto no *Filebo* e no *Protágoras* o *phármakon*, sendo doloroso, parece nocivo, sendo no entanto benéfico, aqui, no *Fedro*, assim como no *Timeu*, ele se apresenta como um remédio benéfico enquanto é, na verdade, nocivo. Uma má ambiguidade é, pois, oposta a uma boa ambiguidade, uma intenção de mentira a uma simples aparência. O caso da escritura é grave. Não é suficiente dizer que a escritura é pensada a partir de tais ou tais oposições dispostas em série. Platão a pensa, e tenta compreendê-la, dominá-la a partir da própria *oposição*. Para que esses valores contrários (bem/mal, verdadeiro/falso, essência/ aparência, dentro/fora etc.) possam se opor, é preciso que cada um dos termos seja simplesmente *exterior* ao outro, isto é, que uma das oposições (dentro/fora) seja desde logo creditada como matriz de toda oposição possível. É preciso que um dos elementos do sistema (ou da série) valha também como possibilidade geral da sistematicidade ou da serialidade. E se se chegasse a pensar que alguma coisa como o *phármakon* — ou a escritura —, longe de ser dominada por essas oposições, inaugura sua possibilidade sem nelas se deixar compreender; se se chegasse a pensar que é somente a partir de alguma coisa tal como a escritura — ou o *phármakon* — que se pode anunciar a estranha diferença entre o dentro e o fora; se, por conseguinte, se chegasse a pensar que a escritura como *phármakon* não se deixa simplesmente delimitar um lugar no que ela situa, não se deixa subsumir sob os conceitos que a partir dela se decidem, abandona apenas seu espectro[*] à lógica que só pode querer dominá-la procedendo ainda dela mesma, seria preciso, então, *curvar* a estranhos movimentos o que não poderíamos nem mesmo chamar, simplesmente, a lógica ou o discurso. Ainda mais que o que imprudentemente acabamos de nomear *espectro* não pode mais ser, com a mesma segurança, distinguido da verdade, da realidade, da carne viva etc. É preciso aceitar que, de uma certa maneira, deixar seu espectro seja por uma vez nada salvar.

[*] *Fantôme*, no original. Traduzimos este termo por *espectro*, uma vez que o autor emprega mais adiante o termo *phantasme*, traduzido, então, por *fantasma*. Phantasme poderia ser traduzido por *fantasia*, no sentido psicanalítico, mas como o autor articula *phantasme* com o simulacro platônico, a tradução *fantasia* não faria sentido. Cf. nota n. 1 do cap. 6, em que o autor nos esclarece a respeito das relações deste texto com psicanálise. (N.T.)

Este pequeno exercício teria sido suficiente, sem dúvida, para advertir o leitor: a explicação com Platão, tal como ela se esboça neste texto, é, desde então, subtraída aos modelos reconhecidos do comentário, da reconstituição genealógica ou estrutural de um sistema que ela entende corroborar ou refutar, confirmar ou "reverter", operar um retomo — à — Platão ou "mandá-lo passear" à maneira ainda platônica do *khaírein*. Trata-se aqui de algo absolutamente outro. Disto também, mas ainda de algo absolutamente outro. Que se releia, se duvida, o parágrafo precedente. Todos os modelos de leitura clássica são aí, num ponto, excedidos, precisamente no ponto de seu pertencimento ao dentro da série. Sendo entendido que o excesso não é uma *simples* saída *fora* da série, já que sabemos que esse gesto recai sob uma categoria da série. O excesso — mas pode-se ainda chamá-lo assim? — não é mais que um *certo* deslocamento da série. E uma certa *redobra* — nós o nomearemos mais tarde *observação*[**] — na série da oposição e mesmo na sua dialética. Não podemos ainda qualificá-lo, nomeá-lo, compreendê-lo sob um simples conceito, sem perdê-lo no mesmo instante. Esse deslocamento funcional, que interessa menos às identidades conceituais significadas do que às diferenças (e, nós o veremos, aos "simulacros"), é preciso fazê-lo. Ele se escreve. Portanto, é preciso inicialmente lê-lo.

Se a escritura produz, segundo o rei e sob o sol, o efeito inverso daquele que lhe atribuímos, se o *phármakon* é nefasto, é que, como aquele do *Timeu*, ele não é daqui. Ele vem de outra parte, ele é exterior ou estrangeiro: ao ser vivo, que é o aqui-mesmo do dentro, ao *lógos* como *zôon* que ele pretende socorrer ou suprir. As marcas (*túpoi*) da escritura não se inscrevem desta vez, como na hipótese do *Teeteto* (191 sq.), em cavidades *na* cera da alma, respondendo assim aos movimentos espontâneos, autóctones da vida psíquica. Sabendo que pode confiar ou abandonar seus pensamentos ao fora, em consignação, às marcas físicas, espaciais

---

[**] *Remarque*, no original. O autor joga com *repli* (redobra) e *remarque*. (N.T.)

e superficiais que se dispõem, por inteiro, sobre uma plaqueta, aquele que dispuser da *tékhnē* da escritura repousará sobre ela. Ele saberá que pode ausentar-se sem que os *túpoi* cessem de estar lá, que pode esquecê-los sem que eles abandonem seu serviço. Eles o representarão, mesmo que ele os esqueça, eles levarão sua fala, mesmo que ele não esteja mais lá para animá-los. Mesmo que esteja morto, e só um *phármakon* pode deter um tal poder sobre a morte, sem dúvida, mas também em conluio com ela. O *phármakon* e a escritura são, pois, sempre uma questão de vida ou de morte.

Será que se pode dizer sem anacronismo conceitual — e portanto sem falta grave de leitura — que os *túpoi* são os representantes, os suplentes *físicos* do *psíquico* ausente? Seria preciso, antes, pensar que os rastros escritos não dependem sequer da ordem da *phúsis*, pois não estão vivos. Eles não crescem; pelo menos não mais do que o que semeamos, como dirá Sócrates dentro de um minuto, com um cálamo (*kálamos*). Eles violentam a organização natural e autônoma da *mnḗmē*, na qual *phúsis* e *psuchḗ* não se opõem. Se a escritura pertence à *phúsis*, não seria a esse momento da *phúsis*, a esse movimento necessário pelo qual sua verdade, a produção de seu aparecer, quer, diz Heráclito, abrigar-se em sua cripta? "Criptograma" condensa numa só palavra a proposição de um pleonasmo.

Se se acredita, pois, na palavra do rei, é esta vida da memória que o *phármakon* da escritura viria hipnotizar: fascinando-a, fazendo-a sair, então, de si e adormecendo-a no monumento. Confiante na permanência e na independência de seus *tipos* (*túpoi*), a memória adormecerá, não mais se manterá, não conseguirá mais manter-se alerta, presente, o mais próxima da verdade dos entes. Petrificada por seus guardiães, por seus próprios signos, pelos tipos confiados à guarda e vigilância do saber, ela se deixará engolir por *Lḗthē*, invadir pelo esquecimento e pelo não-saber.[3] Não é preciso aqui separar memória e verdade. O movimento da *alḗtheia* é de um lado a outro desdobramento de *mnḗmē*. Da memória viva, da memória como vida psíquica na medida em que ela se apresenta a si mesma. As potências da *Léthē* aumentam simultaneamente os domínios da morte, da não--verdade, do não-saber. Por isso a escritura, ao menos enquanto toma as "almas esquecidas", nos volta para o lado do inanimado e do não-saber. Mas não se pode dizer que sua essência a confunda, simplesmente e *presentemente*, com a morte e a não-verdade. Pois a escritura não tem essência ou valor próprio, seja ela positiva ou negativa. Ela se joga no simulacro. Ela imita no seu tipo a memória, o saber, a verdade etc. Motivo pelo qual os homens de escritura comparecem, sob o olhar de deus, não como sábios (*sophoí*), mas na verdade como pretensos ou autodenominados sábios (*doxósophoi*).

É a definição do sofista segundo Platão. Porque esse requisitório contra a escritura acusa em primeira instância a sofística: pode-se inscrevê-lo no interminável processo iniciado por Platão, sob o nome de filosofia, contra os sofistas. O homem que repousa sobre a escritura, que se gaba dos poderes e dos saberes que ela lhe assegura, esse simulador desmascarado por Thamous tem todos os traços do sofista: "imitador daquele que sabe", diz o *Sofista* (*mimētès toû sophoû*, 268 c). Aquele que poderíamos chamar grafocrata assemelha-se, como um irmão, ao sofista Hippias, tal como ele aparece no *Hippias menor*: glorificando-se de tudo saber e fazer. E, antes de tudo — o que Sócrates, por duas vezes, em dois diálogos, simula ironicamente ter esquecido na enumeração —, julgando-se melhor do que ninguém em mnemônica ou em mnemotécnica. É, na verdade, o poder que ele mais considera:

> SÓCRATES: Por conseguinte, também em astronomia, é o mesmo homem que diz a verdade e que engana.
> HIPPIAS: Isto parece certo.
> SÓCRATES: Pois bem, Hippias, procede assim à vontade com todas as ciências, e vê se não se dá a mesma coisa em todas elas. Justamente tu és o mais hábil (*sophṓtatos*) dos homens em todas igualmente. Não te ouvi te gabares disso, quando enumeravas a variedade verdadeiramente invejável de tuas aptidões em praça

pública, próximo aos estabelecimentos dos banqueiros? [...] Além disso, anunciavas que trazias poemas, epopeias, tragédias, ditirambos, que sei eu ainda? Muitos discursos em prosa de toda espécie. Acrescentavas, a propósito das ciências de que te falava há pouco, que entendias delas melhor que ninguém, bem como dos ritmos, modos musicais, da gramática e de uma quantidade de outras coisas, se bem me lembro. Ah!, esquecia, creio, a mnemotécnica, da qual tu te atribuis o maior mérito; e quantas outras coisas, sem dúvida, que não me lembro! Mas eis o que quero dizer: em todas as ciências que possuis — e são tantas! — e nas outras, diga-me, após o que acabamos de constatar juntos, encontras tu, nelas, uma só em que aquele que diz a verdade seja outro daquele que engana ou não seja um só e mesmo homem? Vê, considera todas as formas de habilidade, todas as astúcias, tudo o que queiras; tu não a encontrarás, meu amigo; porque ela não existe. Se há uma, nomeia-a.
HIPPIAS: Eu não a vejo, Sócrates, no momento.
SÓCRATES: E tu não a verás jamais, a meu ver. Se digo, pois, a verdade, tu te lembras, Hippias, o que resulta de nosso exame.
HIPPIAS: Eu não tenho claro no espírito o que queres dizer, Sócrates.
SÓCRATES: É, aparentemente, porque não empregas tua mnemo-técnica... (368 a d).

O sofista vende, pois, os signos e as insígnias da ciência: não a própria memória *(mnēmē)*, mas somente os monumentos *(hupomnēmata)*, os inventários, os arquivos, as citações, as cópias, as narrativas, as listas, as notas, as duplicações, as crônicas, as genealogias, as referências. Não a memória, mas as memórias. Ele responde, assim, à solicitação dos jovens ricos e é entre eles que é mais aplaudido. Após ter confessado que os jovens admiradores não podem sofrer ao ouvi-lo falar da mais bela parte de sua ciência (*Hippias maior*, 285 d), o sofista deve dizer tudo a Sócrates:

SÓCRATES: Então diga-me, pois, tu mesmo, quais são os assuntos sobre os quais te escutam com prazer e louvor; pois eu não o adivinho.

> HIPPIAS: As genealogias, Sócrates; aquelas dos heróis e dos homens; as narrativas referentes à antiga fundação das cidades; e, de uma forma geral, tudo o que se refere à antiguidade; tanto que tive, por causa deles, de estudar e trabalhar todas essas questões. SÓCRATES: Sorte tua, Hippias, que eles não estejam curiosos em conhecer a lista dos arcontes desde Sólon: pois tu terias tido muita dificuldade para colocá-la em tua cabeça.
> HIPPIAS: Por que, Sócrates? Basta-me ouvir uma só vez cinquenta nomes em seguida para retê-los.
> SÓCRATES: É verdade; esqueica que a mnemotécnica é tua parte... (285 d e).

Na verdade, o sofista aparenta tudo saber, sua "polimatia" (*Sofista*, 232 a) nunca é mais que uma aparência. Na medida em que *favorece* a hipomnésia e não a memória viva, a escritura é, pois, ela também, estrangeira à verdadeira ciência, à anamnésia em seu movimento propriamente psíquico, à verdade no processo de sua (da) apresentação, à dialética. A escritura pode somente *imitá-las*. (Poder-se-ia mostrar, mas faremos aqui a economia de um tal desenvolvimento, que a problemática que vincula, atualmente e aqui mesmo, a escritura à [colocação em] questão da verdade, tanto quanto do pensamento e da fala a ela ordenadas, deve necessariamente exumar, sem no entanto a isso se limitar, os monumentos conceituais, os vestígios do campo de batalha, as referências marcando os lugares de afrontamento entre a sofística e a filosofia e, de uma maneira mais geral, todos os pilares construídos pelo platonismo. Sob muitos aspectos, e de um ponto de vista que não cobre todo o campo, estamos hoje nas vésperas do platonismo. Que se possa também, naturalmente, pensar como um dia seguinte do hegelianismo. Nesse ponto, a *philosophía*, a *epistémē*, não são "revertidas", "recusadas", "frenadas" etc., em nome de alguma coisa como a escritura; muito pelo contrário. Mas elas são, segundo uma relação que a filosofia nomearia *simulacro*, segundo um excesso mais sutil da verdade, assumidas e ao mesmo tempo deslocadas para um outro campo, onde se poderá ainda, mas somente, "imitar o saber absoluto", segundo a expressão de Bataille, cujo nome nos dispensará aqui de toda uma rede de referências.)

A linha de frente que se inscreve violentamente entre o platonismo e seu outro mais próximo, na espécie da sofística, está longe de ser unida, contínua, estendida entre dois espaços homogêneos. Seu desenho é tal que, por uma indecisão sistemática, as partes e os partidos trocam frequentemente seus respectivos lugares, imitam as formas e servem-se dos caminhos do adversário. Essas permutações são, pois, possíveis e, se elas devem inscrever-se sobre um terreno comum, a dissensão permanece sem dúvida interna e lança numa sombra absoluta qualquer inteiramente-outro da sofística e do platonismo, qualquer resistência sem comum medida com toda essa comutação.

Contrariamente ao que havíamos deixado crer mais acima, teremos também boas razões para pensar que o requisitório contra a escritura não visa em primeiro lugar a sofística. Ao contrário, parece às vezes proceder dela. Exercer a memória, em vez de confiar rastros ao fora, não é a recomendação imperiosa e clássica dos sofistas? Platão se apropriaria então, ainda aqui, como o faz com frequência, de uma argumentação dos sofistas. Ainda aqui ele a voltaria contra eles. E, mais adiante, após o julgamento real, todo o discurso de Sócrates, nós o analisaremos malha por malha, é tecido com esquemas e conceitos extraídos da sofística.

Será preciso, pois, reconhecer minuciosamente a passagem da fronteira. E compreender bem que esta leitura de Platão não é animada em nenhum momento por algum *slogan* ou palavra de ordem do gênero "retorno-aos-sofistas".

Assim, nos dois casos, de ambos os lados, suspeita-se da escritura e prescreve-se a vigília exercitada da memória. O que Platão visa, então, na sofística, não é o recurso à memória, mas, num tal recurso, a substituição da memória viva pela memória-auxiliar, do órgão pela prótese, a perversão que consiste em substituir um membro por uma coisa, aqui a substituir a reanimação ativa do saber, sua reprodução presente, pelo "de cor" mecânico e passivo. O limite (entre o dentro e o fora, o vivo e o não-vivo) não separa simplesmente a fala e a escritura, mas a memória como desvelamento (re-)produzindo a presença e a rememoração como repetição do monumento: a verdade e seu signo, o ente e o tipo. O "fora" não começa na junção do que chamamos atualmente o psíquico e o físico, mas no ponto em que a *mnḗmē*, em vez de estar presente a si em sua vida, como movimento da verdade, se deixa suplantar pelo arquivo, se deixa excluir por um signo de re-memoração ou de com-memoração. O espaço da escritura, o espaço como escritura, abre-se no movimento violento dessa suplência, na diferença entre *mnḗmē* e *hupómnēsis*. O fora já está *no* trabalho da memória. O mal insinua-se na relação a si da memória, na organização geral da atividade mnésica. A memória é por essência finita. Platão o reconhece atribuindo-lhe a vida. Como a todo organismo vivo, nós o vimos, ele lhe assinala limites. Uma memória sem limites não seria, aliás, uma memória, mas a infinitude de uma presença a si. A memória tem sempre, pois, necessidade de signos para lembrar-se do não-presente com o qual ela tem, necessariamente, relação. O movimento da dialética o testemunha. A memória deixa-se assim contaminar por seu primeiro fora, por seu primeiro suplente: a *hupómnēsis*. Mas aquilo com que sonha Platão é uma memória sem signo. Ou seja, sem suplemento. *Mnḗmē* sem *hupómnēsis*, sem *phármakon*. E isso no mesmo momento e pela mesma razão que ele chama *sonho* a confusão do hipotético e do anipotético na ordem da inteligibilidade matemática (*República*, VII, 533 b).

Por que o suplemento é perigoso? Ele não o é, se assim se pode dizer, em si, no que nele poderia se apresentar como uma coisa, como um ente-presente. Ele seria então tranquilizador. O suplemento aqui não é, não é um ente (*on*). Mas ele não é também um simples não-ente (*mē ón*). Seu deslizar o furta à alternativa simples da presença e da ausência. Tal é o perigo. E o que permite sempre ao tipo se fazer passar pelo original. Desde o momento em que o fora de um suplemento é aberto, sua estrutura implica que ele possa ele mesmo se fazer "tipar", substituir-se por seu duplo, e que um suplemento de suplemento seja possível e necessário. Necessário porque esse movimento não é um acidente sensível e "empírico", ele está ligado à idealidade do *eîdos*, como possibilidade da repetição do mesmo. E a escritura aparece a Platão (e após ele, a toda filosofia que se constitui como tal nesse gesto) como essa *sedução* fatal da reduplicação: suplemento de suplemento, significante de um significante, representante de um representante. (Série da qual ainda não é necessário — mas o faremos mais adiante — fazer saltar o primeiro termo ou antes a primeira estrutura e fazer aparecer sua irredutibilidade.) É evidente que a estrutura e a história da escritura fonética desempenharam um papel decisivo na determinação da escritura como reduplicação do signo, como signo de signo. Significante do significante fônico. Enquanto este último se sustentava na proximidade animada, na presença viva de *mnḗmē* ou de *psuchḗ*, o significante gráfico, que o reproduz ou imita, distancia-se de um grau, afasta-se da vida, arrasta esta para fora de si mesma e coloca-a em sono no seu duplo "tipado". Donde os dois malefícios desse *phármakon*: ele entorpece a memória e, se presta socorro, não é para *mnḗmē*, mas para *hupómnēsis*. Em vez de despertar a vida no seu original, "em pessoa", ele pode quando muito restaurar os monumentos. Veneno debilitante para a memória, remédio ou reconstituinte para seus signos exteriores, seus *sintomas*, com tudo o que essa palavra pode conotar em grego: acontecimento empírico, contingente, superficial, geralmente de queda ou decaimento, distinguindo-se, como um índice, disso ao que remete. Tua escritura cura apenas o sintoma, já dizia o rei, a quem devemos o saber da diferença intransponível entre a essência do sintoma e a essência do significado; e que a escritura pertence à ordem e à exterioridade do sintoma.

Assim, ainda que a escritura seja exterior à memória

(interior), ainda que a hipomnésia não seja a memória, ela a afeta e a hipnotiza no seu dentro. Tal é o efeito desse *phármakon*. Exterior, a escritura não deveria, no entanto, tocar na intimidade ou na integridade da memória psíquica. E, no entanto, como o farão Rousseau e Saussure, cedendo à mesma necessidade, sem entretanto ler nisso *outras* relações entre o íntimo e o estrangeiro, Platão mantém tanto a exterioridade da escritura como seu poder de penetração maléfico, capaz de afetar ou de infectar o mais profundo. O *phármakon* é esse suplemento perigoso que entra por arrombamento exatamente naquilo que gostaria de não precisar dele e que, *ao mesmo tempo*, se deixa romper, violentar, preencher e substituir, completar pelo próprio rastro que no presente aumenta a si próprio e nisso desaparece.

Se, em vez de meditar na estrutura que torna possível uma tal suplementaridade, se em vez de, sobretudo, meditar na redução pela qual "Platão-Rousseau-Saussure" tenta em vão dominá-la num estranho "raciocínio", nos contentássemos em mostrar sua "contradição lógica", seria preciso reconhecer nisso o famoso "raciocínio da caldeira", aquele mesmo que Freud lembra na *Traumdeutung* para ilustrar, com ele, a lógica do sonho. Querendo pôr tudo a seu favor, o litigante acumula argumentos contraditórios: 1. A caldeira que devolvo a você está nova. 2. Os buracos já estavam nela quando você me emprestou. 3. Aliás, você nunca me emprestou uma caldeira. Do mesmo modo: 1. A escritura é rigorosamente exterior e inferior à memória e à fala vivas, que não são, pois, afetadas por ela. 2. Ela lhes é nociva porque as adormece e as infecta na sua vida mesma, que estaria intacta sem ela. Não haveria buracos de memória e fala sem a escritura. 3. Aliás, se se fez apelo à hipomnésia e à escritura, não é por seu próprio valor, é porque a memória viva é finita, já tinha buracos antes mesmo que a escritura deixasse nela seus rastros. A escritura não tem nenhum efeito sobre a memória.

A oposição entre *mnémē* e *hupómnēsis* comandaria, pois, o sentido da escritura. Veremos que esta oposição se conjuga com todas as grandes oposições estruturais do platonismo. O que se desenvolve, no limite, entre estes dois conceitos é, por conseguinte, algo como a decisão maior da filosofia, aquela pela qual ela se institui, se mantém e contém seu fundo adverso.

Ora, entre *mnémē* e *hupómnēsis*, entre a memória e seu suplemento, o limite é mais que sutil, muito pouco perceptível. De ambos os lados deste limite, trata-se de *repetição*. A memória viva repete a presença do *eîdos* e a verdade também é a possibilidade da repetição na lembrança. A verdade desvela o *eîdos* ou *ontôs ón*, isto é, o que pode ser imitado, reproduzido, repetido na sua identidade. Mas no movimento anamnésico da verdade, o que é repetido deve apresentar-se como tal, como o que ele é, na repetição. O verdadeiro é repetido, é o repetido da repetição, o representado presente na representação. Ele não é o repetidor da repetição, o significante da significação. O verdadeiro é a presença do *eîdos* significado.

Ora, do mesmo modo que a dialética, desdobramento da anamnésia, a sofística, desdobramento da hipomnésia, supõe a possibilidade da repetição. Mas ela se mantém desta vez do outro lado, sobre a outra face, poder-se-ia dizer, da repetição. E da significação. O que se repete é o repetidor, o imitante, o significante, o representante, eventualmente na ausência *da coisa mesma* que parecem reeditar, e sem a animação psíquica ou mnésica, sem a tensão viva da dialética. Ora, a escritura seria a possibilidade para o significante de repetir-se sozinho, maquinalmente, sem alma que viva para mantê-lo e assisti-lo em sua repetição, ou seja, sem que a verdade em parte alguma *se apresente*. A sofística, a hipomnésia, a escritura estariam pois separadas da filosofia, da dialética, da anamnésia e da fala viva apenas pela espessura invisível, quase nula, de uma tal *folha* entre o significante e o significado; a "folha": metáfora significante, notemos, ou antes emprestada à face do significante, já que a folha comportando um direito e um avesso anuncia-se primeiramente como superfície e suporte da escritura. Mas ao mesmo tempo a unidade desta folha, do sistema desta diferença entre significado e significante, não é também a inseparabilidade entre a sofística e a filosofia? A diferença entre significado e significante é, sem dúvida, o plano diretor a partir do qual o platonismo se institui e determina sua oposição à sofística. Inaugurando-se assim, a filosofia e a dialética se determinam determinando seu outro.

Esta cumplicidade profunda na ruptura tem uma primeira consequência: a argumentação do *Fedro* contra a escritura pode tomar emprestado todos os seus recursos a Isócrates ou a Alcidamas no momento em que, "transpondo-os",[4] ela volta suas armas contra a sofística. Platão imita os imitadores para restaurar a verdade do que eles imitam: a própria verdade. Com efeito, somente a verdade como presença (*ousía*) do presente (*ón*) é aqui discriminante. E seu poder discriminante, que comanda ou, como se queira, é comandado pela diferença entre significado e significante, dela permanece, em todo caso, sistematicamente inseparável. Ora, esta discriminação se torna ela mesma tão sutil que só separa, em última instância, o mesmo de si, de seu duplo perfeito e quase indiscernível. Movimento que se produz inteiramente na estrutura da ambiguidade e da reversibilidade do *phármakon*.

Como simula o dialético, com efeito, aquele que ele denuncia como simulador, como o homem do simulacro? Por um lado, os sofistas aconselhavam, como Platão, o exercício da memória. Mas era, nós o vimos, para poder falar sem saber, para recitar sem julgamento, sem cuidado com a verdade, para dar signos. Ou melhor, para vendê-los, Mediante essa economia dos signos, os sofistas são indiscutivelmente homens da escritura no momento em que o negam. Mas Platão também não o é, por um efeito de reversão simétrica? Não apenas porque é escritor (argumento banal que especificaremos mais adiante) e não pode, nem de fato nem de direito, explicar o que é a dialética sem fazer apelo à escritura; não somente por julgar a repetição do mesmo necessária na anamnésia, mas também porque a julga indispensável como inscrição no tipo. (É de se notar que *túpos* se aplica com igual pertinência à marca gráfica e ao *eidos* como modelo. Entre tantos outros exemplos, cf. *República*, III, 402 d.) Esta necessidade pertence inicialmente à ordem da lei e é disposta pelas *Leis*. Neste caso, a identidade imutável e petrificada da escritura não se acrescenta à lei significada ou à regra prescrita como um simulacro mudo e estúpido: ela lhe assegura a permanência e a identidade com a vigilância de um guardião. Diferente do guardião das leis, a escritura nos assegura o meio de voltar à vontade, quantas vezes for preciso, a esse objeto ideal que é a lei. Poderemos assim examiná-la, interrogá-la, consultá-la, fazê--la falar sem alterar sua identidade. É exatamente, com as mesmas palavras *(boḗtheia*, especialmente), o inverso, a outra face do discurso de Sócrates no *Fedro*:

> CLÍNIAS: Não se poderia encontrar, aliás, para uma legislação (*nomothesía*) inteligente, uma ajuda (*boḗtheia*) maior, já que as prescrições (*prostágmata*) da lei, uma vez confiadas à escritura (*en grámmasi tethénta*), estão assim, para todo o porvir, dispostas a dar razão, dado que elas não mudam de forma alguma. Além disso, ainda que sejam, no princípio, difíceis de se compreender, não devemos nos assustar com isso, porque até mesmo aquele que é lento de espírito poderá voltar a elas e examiná-las várias vezes; e também não é sua extensão, se são úteis, que pode de forma alguma justificar o que me pareceria, a mim, uma impiedade para qualquer homem, a saber: o deixar de prestar a esta demonstração toda a assistência (*tó mē ou boētheîn toutoîs toîs Lógois*) de que é capaz (X, 891 a. Eu cito sempre a tradução que é respeitada, no caso a de Diès, acrescentando, quando nos interessa, as palavras gregas pertinentes, deixando o leitor apreciar os habituais efeitos de tradução. Sobre as relações entre leis não-escritas e leis escritas, ver sobretudo VII, 793 b c).

As palavras gregas sublinhadas o mostram: os *prostágmata* da lei podem ser *dispostos* apenas na escritura (*en grámmasi tethénta*). A *nomothesía* é engramática. O legislador é um escritor. E o juiz é um leitor. Passemos ao Livro XII: "Sobre todas elas deve manter fixo seu olhar o juiz que queira observar uma justiça imparcial; deve obter delas a letra escrita (*grámmata*) para estudá-las; de todas as ciências, com efeito, aquela que mais eleva o espírito que nela se aplica é a ciência das leis, desde que as leis sejam benfeitas" (957 c).

Inversamente, simetricamente, os retóricos não aguardaram Platão para *traduzir a escritura em julgamento*. Para Isócrates,[5] para Alcidamas, o *lágos* também é um ser vivo (*zôon*) cuja riqueza, vigor, flexibilidade, agilidade são limitados e constrangidos pela rigidez cadavérica do signo escrito. O tipo não se adapta com toda finura requerida aos dados mutantes da situação presente, ao que ela pode ter de único e insubstituível a cada momento. Se a *presença* é a forma geral do ente, o *presente*, ele, é sempre outro. Ora, o escrito, enquanto se repete e permanece idêntico a si no tipo, não se curva em todos os sentidos, não se dobra às diferenças entre os presentes, às necessidades variáveis, fluidas, furtivas da psicagogia. Aquele que fala, ao contrário, não se submete a nenhum esquema preestabelecido; ele conduz melhor seus signos; ele está ali para acentuá-los, infleti-los, retê-los ou soltá-los segundo as exigências do momento, a natureza do efeito buscado, a ocasião oferecida pelo interlocutor. Assistindo seus signos em sua operação, aquele que age pela voz penetra mais facilmente na alma do discípulo para produzir nela efeitos sempre singulares, conduzindo-a, como se nela habitasse, aonde bem entendesse. Não é, pois, sua violência maléfica, mas sua impotência exausta que os sofistas reprovam à escritura. A esse servidor cego, aos seus movimentos desajeitados e errantes, a escola ática (Górgias, Isócrates, Alcidamas) opõe a força do *lógos* vivo, o grande mestre, o grande poder: *lógos dunástes mēgas estin*, diz Górgias no *Elogio de Helena*. A dinastia da fala pode ser mais violenta que aquela da escritura, seu arrombamento é mais profundo, mais penetrante, mais diverso, mais seguro. Só se refugia na escritura aquele que não sabe falar melhor que outro qualquer. Alcidamas o lembra no seu tratado "*sobre aqueles que escrevem discursos*" e "*sobre os sofistas*". A escritura como consolação, compensação, remédio para a fala débil.

Apesar destas semelhanças, a condenação da escritura não se engaja entre os retóricos como ela o faz no *Fedro*. Se o escrito é desprezado, não é enquanto *phármakon* vindo corromper a memória e a verdade. É porque o *lógos* é um *phármakon* mais eficaz. Assim o denomina Górgias, Enquanto *phármakon*, o *lógos* é ao mesmo tempo bom e mau; ele não é dirigido inicialmente pelo bem e pela verdade. E apenas no interior desta ambivalência e desta indeterminação misteriosa do *lógos*, e quando ela terá sido reconhecida, que Górgias *determina* a verdade como *mundo*, estrutura ou ordem, ajuntamento (*kósmos*) do *lógos*. Com isso anuncia, sem dúvida, o gesto platônico. Mas antes de uma tal determinação estamos no espaço ambivalente e indeterminado do *phármakon*, daquilo que no *lógos* permanece potência, em potência, não é ainda linguagem transparente do saber. Se se estivesse autorizado a retorná-lo em categorias posteriores e precisamente dependentes da história assim aberta, categorias *segundo a decisão*, seria preciso falar aqui da "irracionalidade" do *lógos* vivo, de seu poder de feitiço, de fascinação petrificante, de transformação alquímica que o aparenta à feitiçaria e à magia. Feitiçaria (*goēteia*), psicagogia, tais são os "grandes feitos" da fala, do mais temível *phármakon*. No seu *Elogio de Helena*, Górgias serve-se destas palavras para qualificar a potência do discurso:

> "Os encantamentos inspirados pelos deuses através das palavras (*haigar éntheoi dià lógōn epoídai*) trazem o prazer, afastam o luto. Confundindo-se, de imediato, com o que a alma pensa, a potência de encantamento a seduz (*éthelxe*), persuade e transforma pela fascinação (*goēteíai*). Duas artes de magia e fascínio foram descobertas para desviar a alma e enganar a opinião [...]. O que impede, pois, que um encanto (*húmnos*) tenha podido surpreender Helena, que não era jovem, com a mesma violência de um rapto?... A fala, aquela que persuade a

alma, obriga esta, que foi persuadida, a obedecer às coisas ditas e a aprovar as coisas em curso. O persuasor, por ter obrigado, está no erro, e a persuadida, por ter sido obrigada pela fala, o mal que se diz dela em nada se sustenta!".[6]

A eloquência persuasiva (*peithō*) é o poder de arrombamento, de sequestro, de sedução interior, de rapto invisível. É a própria força furtiva.

Mas, mostrando que Helena cedeu à violência de uma fala (teria ela fraquejado diante de uma carta?), inocentando essa vítima, Górgias acusa o *lógos* no seu poder de mentir. Ele quer, "dando lógica (*logismón*) ao discurso (*toi lógoi*), acabar ao mesmo tempo com a acusação contra uma mulher tão mal-afamada e, demonstrando que os blasfemadores estão equivocados, ou seja, mostrando o verdadeiro, dar termo à ignorância".

Mas antes de ser dominado, subjugado pelo *kósmos* e pela ordem da verdade, o *lógos* é um ser vivo selvagem, uma animalidade ambígua. Sua força mágica, "farmacêutica", deve-se a esta ambivalência, e isso explica que ela seja desproporcionada a esse quase nada que é uma fala:

> "Se foi a fala que persuadiu e enganou sua alma, também não é difícil, nesta altura, defendê-la e eliminar a acusação; assim: a fala exerce um grande poder, ela que, sendo uma coisa ínfima e que não se vê de forma alguma, realiza obras divinas. Pois ela pode apaziguar o terror e afastar o luto, ela faz nascer a alegria e aumenta a piedade..."

A "persuasão entrando na alma pelo discurso", tal é o *phármakon* e tal é o nome do qual se serve Górgias:

> "A potência do discurso (*toû logoû dúnamis*) tem a mesma relação (*tòn autòn dé lógon*) com a disposição da alma (*pròs tèn tês psuchês táxin*) que a disposição das drogas (*tòn pharmákon táxin*) com a natureza do corpo (*tèn tôn somáton phúsin*). Da mesma forma que algumas drogas evacuam do corpo alguns humores, cada uma o seu, e umas estancam a doença, outras

a vida; do mesmo modo alguns discursos afligem, outros revigoram; uns aterrorizam, outros animam os auditores; outros, por uma má persuasão, drogam a alma e a enfeitiçam (*tèn psuchèn epharmakeúsan kaì exegoēteúsan*)".

Teremos refletido, de passagem, que a relação (a analogia) entre a relação *lógos/alma* e a relação *phármakon/corpo* é ela mesma designada como *lógos*. O nome da relação é o mesmo daquele de um dos termos. O *phármakon* está *compreendido* na estrutura do *lógos*. Esta compreensão é uma *dominação* e uma *decisão*.

NOTAS AO QUARTO CAPÍTULO

[1] Eu me permito remeter aqui, a título indicativo e preliminar, à "Questão de método" proposta em *Gramatologia*. Com algumas precauções, poderemos dizer que *phármakon* desempenha um papel *análogo*, nesta leitura de Platão, àquele de *suplemento* na leitura de Rousseau.

[2] Cf. em particular *República* II, 364 sq. Carta 7, 333 e. O problema é evocado com abundantes e preciosas referências em *La musique dans l'auvre de Platon* (p. 13 sq.) de E. Moutsopoulos, Paris: PUF, 1959.

[3] Remetemos aqui, em particular, ao texto tão rico de Jean-Pierre Vernant (que aborda esses problemas com outras intenções): "Aspectos míticos da memória e do tempo", in *Mito e pensamento entre os gregos*, Maspéro, 1965. Sobre a palavra *Túpos*, suas relações com *perigraphé* e *parádeigma*, cf. A. von Blumenthal, *Túpos und Paradeigma*, citado por P.M. Schuhl, in *Platon et l'art de son temps*, Paris: PUF, 1952, p. 18, n. 4.

[4] Utilizamos aqui a palavra de Diès e remetemos ao seu estudo sobre *La transposition platonicienne*, em particular ao seu capítulo I, "La transposition de la rhétorique", in *Autour de Platon*, t. II, p. 400.

[5] Se sustentamos, como Robin, que o *Fedro* é, apesar de certas aparências, "um requisitório contra a retórica de Isócrates" (Introdução ao *Phèdre*, éd. Budé, p. CLXXIII) e que este último está mais preocupado, o que quer que diga, com a *doxa* do que com a *episteme* (p. CLXVIII), não nos deixaremos mais surpreender pelo título de seu discurso "Contra os sofistas". Nem de encontrar nele, por exemplo, o seguinte, cuja semelhança formal com o argumento socrático é ofuscante: "Não é só a eles, mas àqueles que prometem ensinar a eloquência pública (*toùs politikoùs lógous*) que é preciso criticar. Pois estes últimos, sem se preocupar de forma alguma com a verdade, pensam que a ciência consiste em atrair o maior número possível de pessoas pela fraqueza do salário... [É preciso saber que Isócrates praticava tarifas elevadíssimas; e que preço tinha a verdade quando falava por sua boca...] Eles próprios sem inteligência, acreditam que os outros também não a têm, a ponto que escrevendo seus discursos pior que alguns profanos não improvisam, no entanto prometem fazer de seus alunos oradores hábeis o suficiente para não deixarem escapar nos seus negócios nenhum dos argumentos possíveis. Nesse poder não reservam nenhum lugar para a experiência nem para as qualidades naturais do discípulo, e pretendem transmitir-lhe a ciência do discurso (*tèn tôn lógōn epistémēn*) do mesmo modo que aquela da escritura... Eu me surpreendo ao ver julgadas dignas de possuir discípulos pessoas que, sem se darem conta disso, deram como exemplo procedimentos fixos para uma arte criadora. Com efeito, com exceção deles, quem ignora que as letras são fixas e guardam o mesmo valor, de modo que empregamos sempre as mesmas para o mesmo objeto, enquanto é exatamente o contrário para as palavras? O que um homem disse não tem a mesma utilidade para aquele que fala em segundo lugar; e o mais hábil nesta arte é aquele que se expressa como pede o assunto, mas podendo encontrar expressões absolutamente diferentes daquelas dos outros. E eis o que prova melhor a dessemelhança dessas duas coisas: os discursos não podem ser belos se não estão de acordo com as circunstâncias, adequados ao assunto e plenos de novidade; mas as letras nunca tiveram necessidade de nada disso". Conclusão: é preciso pagar para escrever. Os homens de escritura nunca deveriam ser pagos. O ideal: que o sejam, sempre, do seu próprio bolso. Que paguem, já que têm necessidade de receber os cuidados dos mestres do *lógos*. "Assim as pessoas que empregam tais exemplos (*paradeígmasin*: as letras) deveriam antes pagar que receber dinheiro, pois tendo eles próprios necessidade de cuidados atenciosos, se põem a educar os outros." (*Katà tôn sophistôn*, XIII, 9, 10, 12, 13.)

[6] Cito a tradução publicada na *Revue de poésie* ("La Parole dite", n. 90, out. 1964). Sobre esta passagem do *Elogio*, sobre as relações de *thélgō* e *peíthō*, do encanto e da persuasão, sobre seu uso em Homero, Ésquilo e Platão, cf. Diès, op. cit., pp. 116-117.

5. *PHARMAKEÚS*

> "Se nenhum mal, com efeito, nos ferisse, não teríamos mais necessidade de ajuda, e tomar-se-ia evidente, daí, que era o mal que nos restituía o bem (*tagathón*) precioso e caro, porque ele era o remédio (*phármakon*) da doença que era o mal: mas a doença suprimida, o remédio não tem mais objeto (*oudén deî pharmákou*). Assim se passa com o bem?... Parece, diz ele, que essa seja a verdade." Lísias, 220 c d.

Mas a este respeito, e se o *lógos* já é um suplemento penetrante, Sócrates, "aquele que não escreve", não é também um mestre do *phármakon*? E com isso não se parece, a ponto de confundir-se, com um sofista? Um *pharmakeús*? Um mágico, um feiticeiro e até mesmo um envenenador? E inclusive com esses impostores denunciados por Górgias? Os fios dessas cumplicidades são quase inextricáveis.

Sócrates tem com frequência nos diálogos de Platão a face do *pharmakeús*. O nome é dado a Eros por Diotima. Mas, sob o retrato de Eras, não se pode deixar de reconhecer os traços de Sócrates, como se Diotima, olhando-o, propusesse a Sócrates o retrato de Sócrates (203 c d e). Eros, que não é nem rico, nem belo, nem delicado, passa sua vida filosofando (*philosophôn dià pantòs toû bíou*); é um temível feiticeiro (*deinòs góēs*), mágico (*pharmakeús*), sofista (*sophistḗs*). Indivíduo que nenhuma "lógica" pode reter numa definição não-contraditória, indivíduo da espécie demoníaca, nem deus nem homem, nem imortal nem mortal, nem vivo nem morto, ele tem por virtude "dar livre curso, tanto à adivinhação completa (*mantikḕ pâsa*) quanto à arte dos sacerdotes, no que concerne aos sacrifícios e iniciações, assim como às encantações, vaticinação em geral e magia (*thusías--teletás-epōdás-manteían*)" (202 e).

E, no mesmo diálogo, Agatão acusava Sócrates de querer enfeitiçá-lo, de lhe ter lançado um sortilégio (*Pharmáttein boúlei me, ô Sốkrates*, 194 a). O retrato de Eros por Diotima está situado entre esta apóstrofe e o retrato de Sócrates por Alcibíades. Este lembra que a magia socrática opera o *lógos* sem instrumento, por uma voz sem acessório, sem a flauta do sátiro Mársias:

> "'Mas eu não sou flautista!', dirias tu. Tu o és, infinitamente mais maravilhoso do que aquele de quem tratamos. Ele tinha necessidade de instrumentos para encantar os homens pela virtude que emanava de sua boca [...] suas melodias [...] são as únicas que põem em estado de possessão e com as quais se revelam os homens que experimentam a necessidade de deuses ou de iniciações, porque essas melodias são elas próprias divinas. Quanto a tu, tu não diferes dele, salvo no que, sem instrumentos (*áneu orgánōn*), com palavras sem acompanhamento (*psiloîs lógois*[1]), produzes esse mesmo efeito..." (215 c d).

Esta voz nua e sem órgão, só podemos impedi-la de penetrar tampando as orelhas, como Ulisses fugindo das Sereias (216 a).

O *phármakon* socrático também age como um veneno, um tóxico, uma picada de víbora (217-218). E a picada socrática é pior que aquela das víboras, pois seu rastro invade a alma. O que há de comum, em todo caso, entre a fala socrática e a poção venenosa é que elas penetram, para se apossar, na interioridade a mais oculta da alma e do corpo. A fala demoníaca desse taumaturgo arrasta para a *mania* filosófica e para os transportes dionisíacos (218 b). E quando não age como o veneno da víbora, o sortilégio farmacêutico de Sócrates provoca uma espécie de *narcose*, entorpece e paralisa na aporia, como a descarga do torpedo (*nárkē*):

> MENON: Sócrates, aprendi por ouvir-dizer, antes mesmo de te conhecer, que tu não fazias outra coisa senão encontrar dificuldades por todo canto e fazê-las encontrar aos outros.

Agora mesmo, vejo perfeitamente, por não sei qual magia e quais drogas, por teus encantamentos, me enfeitiçastes tão bem que tenho a cabeça repleta de dúvidas *(goēteúeis me kaì pharmátteis kaì atekhnôs katépadeis hôste mestón aporías gegónenai)*. [Nós citamos a tradução de Budé.] Ousaria dizer, se me permites uma brincadeira, que me pareces semelhante absolutamente, pelo aspecto (*eîdos*) e por todo o resto, ao grande peixe do mar chamado torpedo (*nárkē*). Este entorpece desde que alguém se aproxime e o toque; tu me fizestes experimentar um efeito semelhante, [tu me entorpecestes]. Sim, estou verdadeiramente entorpecido de corpo e alma, e sou incapaz de te responder [...]. Tens toda razão, crê-me, de não querer nem navegar nem viajar fora daqui: em uma cidade estrangeira, com uma tal conduta, não tardarias em ser detido como feiticeiro *(góēs)* (80 a b).

Sócrates detido como feiticeiro (*góēs* ou *pharmakeús*): tenhamos paciência.

O que se passa com esta *analogia* que sem cessar relaciona o *phármakon* socrático com o *phármakon* sofístico e, proporcionando-os mutuamente, nos faz voltar de um a outro indefinidamente? Como discerni-los?

A ironia não consiste em dissolver um encanto sofístico, em desfazer, pela análise e pela questão, uma substância e um poder ocultos. Ela não consiste em desmanchar a confiança charlatanesca de um *pharmakeús* a partir da instância obstinada de uma razão transparente e de um *lógos* inocente. A ironia socrática precipita um *phármakon* no contato com outro *phármakon*. Ou melhor, ela reverte o poder do *phármakon* e revira sua superfície.[2] Entrando, deste modo, ao *classificá-lo*, em vigor, sendo registrada e datada, devido ao fato de que o próprio do *phármakon* consiste em uma certa inconsistência, uma certa impropriedade, esta não-identidade consigo lhe permitindo sempre ser voltado contra si mesmo.

Nesse virar pelo avesso, o que está em jogo é a ciência e a morte. Que se consignam em um só e mesmo tipo na estrutura do *phármakon*: nome único dessa poção que é preciso aguardar. E que é preciso até mesmo, como Sócrates, merecer.

II

O uso socrático do *phármakon* não visaria assegurar a potência do *pharmakeús*. A técnica de arrombamento ou de paralisia pode até mesmo, eventualmente, voltar-se contra ele, ainda que devamos sempre, ao modo sintomatológico de Nietzsche, diagnosticar a *economia*, o investimento e o benefício diferido sob o signo da pura renúncia, sob a *aposta* do sacrifício desinteressado.

A nudez do *phármakon*, a voz desguarnecida (*psilòs lógos*), confere uma certa mestria no diálogo, com a condição de que Sócrates declare renunciar aos seus benefícios, ao saber como potência, à paixão, ao gozo. Com a condição de que, numa palavra, ele consinta em receber a morte. Aquela do corpo, em todo caso: a *alḗtheia* e a *epistḗmē*, que são também poderes, pagam-se a esse preço.

O temor da morte dá lugar a todos os feitiços, a todas as medicinas ocultas. O *pharmakéus* aposta nesse temor. Desde então, trabalhando para nos liberar disso, a farmácia socrática corresponde à operação do exorcismo, tal como ela pode ser considerada e conduzida do lado, do ponto de vista de Deus. Após ser indagado se um deus dera aos homens uma droga para produzir o temor (*phóbou phármakon*), o Ateniense das *Leis* descarta a hipótese: "Voltemos, pois, ao nosso legislador para lhe dizer: 'E então, legislador! Sem dúvida, para produzir o temor, nenhum deus deu aos homens uma tal droga (*phármakon*) e mesmo nós não inventamos coisa semelhante, porque os feiticeiros (*goētás*) não se contam entre nossos hóspedes; mas para produzir a ausência de temor (*aphobías*) e uma audácia exagerada e intempestiva, aí onde não é preciso, existe uma poção, ou somos nós de outra opinião?'" (649 a).

Em nós é a criança que tem medo. Não haverá mais charlatães quando a criança que se "mantém dentro de nós" não tiver mais medo da morte como de um *mormolukeîon*, de um espantalho que assombra as crianças, de um bicho-papão. E será preciso multiplicar cotidianamente as encantações para livrar a criança desse fantasma. Cebes: — Pois, então, é preciso que esta criança, dissuadida por ti, não tenha da morte o mesmo temor que do bicho-papão! — Mas, então, o que é preciso, diz Sócrates, é um encantamento diário, até o momento em que este encantamento a tenha desembaraçado inteiramente! — Donde obteremos, Sócrates, contra tais pavores, um encantador (*epōdón*) experiente, já que, disse ele, tu estás pronto a nos abandonar?" (*Fédon*, 77 e). No *Críton*, Sócrates também se recusa a ceder à multidão que tenta "nos terrificar como crianças multiplicando seus espantalhos, invocando os aprisionamentos, os suplícios, as confiscações" (46 c).

O contraencantamento, o exorcismo, o antídoto é a dialética. À pergunta de Cebes, Sócrates responde que não é preciso apenas procurar um mágico, mas também — e é a mais segura encantação — exercitar-se na dialética: "... na procura de um tal encantador não poupeis nem bens nem sacrifícios, vos dizendo que não há nada em que possais, com maior propósito, despender vosso bem! Mas submetei-vos ainda vós mesmos, é preciso, a uma busca mútua; pois tereis talvez dificuldade em encontrar pessoas que, mais que vós, estejam aptas a preencher esse ofício!" (*Fédon*, 78 a b).

Submeter-se à busca mútua, procurar conhecer-se a si mesmo pelo desvio e pela linguagem do outro, tal é a operação que Sócrates, lembrando o que o tradutor nomeia o "preceito de Delfos" (*toû Delphikoû grámmatos*), apresenta a Alcibíades como o antídoto (*alexiphármakon*), a contrapoção (*Alcibíades* 132 b). No texto das *Leis*, cuja citação interrompemos mais acima, quando a necessidade da letra tiver sido firmemente colocada, a introjeção, a interiorização dos *grámmata* na alma do juiz, como em sua residência mais segura, será então receitada como antídoto.

Retomemos:

"Sobre todas elas deve manter fixo seu olhar o juiz que queira observar uma justiça imparcial; deve obter delas a letra escrita para estudá-las; de todas as ciências, com efeito, aquela que mais eleva o espírito que nela se aplica é a ciência das leis, desde que as leis sejam benfeitas; se ela não tivesse essa virtude, seria pois em vão que teríamos dado, à divina e admirável lei, um nome que se assemelha àquele do espírito (*nómos/noûs*). Aliás, tudo o mais, seja poemas que têm por objeto o elogio ou a censura, seja simples prosa, discursos escritos, conversações livres do cotidiano em que se sucedem as obstinações da controvérsia e as adesões muitas vezes ligeiras, tudo isso teria sua pedra de toque segura nos escritos do legislador (*tà toû nomothétou grámmata*). É na sua alma que o bom juiz deve guardá-las (*hà deî kekteménon en autô*), *como antídotos* (*alexiphármaka*) *contra os outros discursos*; assim assegura sua própria retidão e aquela da cidade, obtendo para as pessoas honestas a salvaguarda e o aumento de seus direitos, aos maus toda a ajuda possível para converterem-se de sua loucura, de sua libertinagem, de sua debilidade, numa palavra, de toda sua injustiça desde que seus erros sejam curáveis; quanto àqueles dentre os quais esses erros são, verdadeiramente, a trama de seu destino, se para almas assim feitas eles administram, como remédio (*íama*), a morte, é então, podemos repeti-lo com toda justiça, que tais juízes ou diretores de juízes merecerão a louvação de toda a cidade" (XII, 957 c-958 a. Grifo meu.).

A dialética anamnésica, como repetição do *eîdos*, não pode distinguir-se do saber e do domínio de si. São, um e outro, os melhores exorcismos que se pode opor ao terror da criança diante da morte e à charlatanice dos bichos-papões. A filosofia consiste em tranquilizar as crianças. Ou seja, como se queira, em fazê-las escapar da infância, em esquecer a criança ou, inversamente, mas também ao mesmo tempo, em falar em primeiro lugar por ela, em lhe ensinar a falar, a dialogar, deslocando seu medo ou seu desejo.

Poderíamos tentar, na trama do *Político* (280 a sq.), classificar essa espécie de proteção *(amuntérion)* nomeada dialética e apreendida como contraveneno. Entre os entes que se poderia chamar artificiais (fabricados ou adquiridos), o *Estrangeiro* distingue os meios de ação (em vista do *poieîn*) e as proteções (*amuntēria*) que evitam sofrer ou padecer (*toû me paskheîn*). Entre estas últimas, se distinguirá entre: 1) os *antídotos* (*alexiphármaka*), que podem ser humanos ou divinos (e a dialética é, desse ponto de vista, o ser-antídoto do antídoto em geral, antes que seja possível distribuí-lo entre as regiões do divino ou do humano; a dialética a passagem entre essas duas regiões); e 2) os *problemas* (*problḗmata*): o que se tem diante de si — obstáculo, abrigo, armadura, escudo, defesa. Abandonando a via dos antídotos, o *Estrangeiro* busca a divisão dos *problḗmata* que podem funcionar como armaduras ou clausuras. As *clausuras* (*phrágmata*) são armações ou proteções (*alexētḗria*) contra o frio e o calor; as *proteções* são telhados ou coberturas; *coberturas* que podem ser estendidas (como tapetes) ou envolventes etc. A divisão prossegue, assim, através das diferentes técnicas de fabricação das coberturas envolventes e chega, enfim, à veste tecida e à arte da tecelagem: espécie problemática da proteção. Esta arte exclui, pois, se se quer seguir a divisão ao pé da letra, o recurso aos antídotos; e, por conseguinte, a essa espécie de antídoto ou de *phármakon* invertido que constitui a dialética. O texto exclui a dialética. E, no entanto, será preciso, mais adiante, distinguir bem entre duas texturas, quando se refletirá que a dialética é também uma arte da tecelagem, uma ciência da *sumplokḗ*.

A inversão dialética do *phármakon* ou do perigoso suplemento toma a morte, pois, ao mesmo tempo aceitável e nula. Aceitável porque anulada. Dando-lhe bom tratamento, a imortalidade da alma, agindo como um anticorpo, dissipa seu fantasma terrível. O *phármakon* invertido, que põe em fuga todos os espantalhos, não é outro senão a origem da *epistḗmē*, abertura à verdade como possibilidade da repetição e submissão do "furor de viver" (*epithumeîn zễn*, *Críton*, 53 e) à lei (ao bem, ao pai, ao rei, ao chefe, ao capital, ao sol invisíveis). São as próprias leis que, no *Críton*, convidam a "não manifestar esse furor de viver em detrimento das leis mais importantes". O que diz Sócrates, com efeito, quando Cebes e Simmias lhe pedem para lhes fornecer um encantador? Ele os chama ao diálogo filosófico e a seu objeto o mais digno: a verdade do *eîdos* como daquilo que é idêntico a si, sempre o mesmo que si e, portanto, simples, não-composto (*asúntheton*), indecomponível, inalterável (78 c e). O *eîdos* é o que pode sempre ser repetido como *o mesmo*. A idealidade e a invisibilidade do *eîdos* é seu poder-ser-repetido. Ora, a lei é sempre a lei de uma repetição, e a repetição é sempre a submissão a uma lei. A morte abre, pois, ao *eîdos* assim como à lei-repetição. Na prosopopeia das Leis do *Críton*, Sócrates é chamado a aceitar *ao mesmo tempo* a morte e a lei. Ele deve se reconhecer como o descendente, o filho ou o representante (*ékgonos*) e mesmo o escravo (*doûlos*) da lei que, unindo seu pai e sua mãe, tomou seu nascimento possível. A violência é, pois, ainda mais ímpia quando se exerce contra a lei da mãe/pátria que quando ela fere pai e mãe (51 c). Por isso, lembram-lhe as Leis, Sócrates deve morrer conforme a lei e nos limites desta cidade, ele que (quase) nunca quis sair dela:

> Ah!, tua sabedoria te permite, pois, desconhecer que é preciso honrar tua pátria mais que uma mãe, mais que um pai, mais que todos os ancestrais, que ela é mais respeitável, mais sagrada, que desfruta da maior consideração no julgamento dos deuses e dos homens sensatos [...] Quanto à violência, ela não é ímpia para com uma mãe, para com um pai, e mais ainda para com a pátria? [...] Sócrates, há fortes provas que demonstram que te somos gratos, nós e o Estado (*pólis*). Tu não terias permanecido mais que qualquer outro ateniense nesta cidade (*pólis*), se ela não tivesse te agradado mais que qualquer outra, ligado a ela sem nunca sair, nem para ir a uma festa, salvo a do Istmo, uma só vez, nem a qualquer país estrangeiro, salvo em expedição militar, sem ter jamais viajado a parte alguma como fazem os outros, sem mesmo ter tido o desejo de conhecer outra cidade e outras leis, plenamente satisfeito conosco e com este Estado

(*polis*). Tal era tua preferência por nós, de tal forma consentias em viver sob nossa autoridade (51 a c-52 b c).

A fala socrática é mantida em repouso, em sua morada, em guarda: na autoctonia, na cidade, na lei, sob a alta vigilância de sua língua. O que ganhará todo seu sentido mais adiante, quando a escritura será descrita como a própria errância, a vulnerabilidade muda a todas as agressões. A escritura não reside em nada.

O *eîdos*, a verdade, a lei ou a *epistémē*, a dialética, a filosofia, tais são os outros nomes do *phármakon* que é preciso opor ao *phármakon* dos sofistas e ao temor enfeitiçante da morte. *Pharmakeús* contra *pharmakeús*, *phármakon* contra *phármakon*. É porque Sócrates ouve as Leis como se fosse submetido por sua voz a um encanto iniciático, encanto sonoro, ou melhor, fônico, isto é, que penetra a alma e arrebata o foro íntimo. "Eis, saiba-o bem, meu caro Críton, o que creio ouvir, como os iniciados nos mistérios das Coribantes creem ouvir flautas, sim, o som dessas palavras (*hē ékē toutôn tôn lógōn*) murmura em mim e me impede de ouvir qualquer outra coisa." (54 d) As Coribantes, a flauta, Alcibíades evocava-as no *Banquete* para dar uma ideia dos efeitos da fala socrática: "Quando, com efeito, eu o ouço, o coração me bate mais que às Coribantes nos seus transportes" (215 e).

A ordem filosófica e epistêmica do *lógos* como antídoto, como força *inscrita na economia geral e a-lógica do phármakon*, não adiantamos esta proposição como uma interpretação arriscada do platonismo. Leiamos, antes, a súplica que abre o Crítias: "Supliquemos, pois, ao Deus que nos faça dom ele mesmo do filtro o mais perfeito (*phármakon teleótaton*) e o melhor de todos os filtros (*áriston pharmákōn*), o conhecimento (*epistémēn*)". E poder-se-ia considerar também no *Cármide* a surpreendente encenação do primeiro ato. Seria preciso segui-la passo a passo. Fascinado pela beleza de Cármide, Sócrates deseja antes de tudo desnudar a alma desse jovem que ama a filosofia. Assim, procuram Cármide para apresentá-lo a um médico (Sócrates)

. 87

que pode curá-lo de sua dor de cabeça e de sua astenia. Sócrates aceita, com efeito, passar-se por um homem que disporia de um remédio contra a dor de cabeça. Como no *Fedro*, lembramo-nos, a cena do "manto" e de um certo *phármakon*:

> "Depois, dizendo-lhe Crítias que eu era possuidor do remédio (*ho tò phármakon epistámenos*), quando ele dirigiu para mim um olhar, que não saberia dizer, quando deu a entender que iria me interrogar, quando todos os assistentes dispuseram-se em círculo em tomo de nós, então, oh, meu nobre amigo, percebi na abertura de seu manto uma beleza que me incendiou, eu perdi a cabeça [...]. No entanto, quando me perguntou se eu conhecia o remédio contra a dor de cabeça (*tò tês kephalês phármakon*)... eu lhe respondi que era uma certa planta à qual se acrescentava uma encantação (*epōdề dè tis epì tỗ pharmákō*), e que a encantação acrescida ao remédio tomava-o soberano, mas que sem ela ele não operava. — 'Vou escrever, ele me disse, a encantação que me vais ditar.'" (155 d-156 a, Cf. também 175-176).[3]

Mas não se pode curar a cabeça separadamente. Os bons médicos tratam o "todo", e é "tratando o todo que eles se aplicam a tratar e curar a parte doente". Depois, pretendendo inspirar-se num médico trácio, "um desses discípulos de Zalmoxis que, diz-se, sabem tomar as pessoas imortais", Sócrates mostra que o todo do corpo só pode ser curado na fonte — a alma — de todos os seus bens e males. "Ora, o remédio da alma são certos encantamentos (*epōdaìs tísin*). Estes consistem nos belos discursos que fazem nascer na alma a sabedoria (*sōphrosúnēn*). Quando a alma possui por uma vez a sabedoria e a conserva, é fácil então dar saúde à cabeça e ao corpo inteiro." (157 a) E passa-se então ao diálogo sobre a essência da sabedoria, o melhor *phármakon*, o remédio capital.

A filosofia opõe, pois, ao seu outro, essa transmutação da droga em remédio, do veneno em contraveneno. Uma tal operação não seria possível se o *phármako-lógos* não abrigasse nele mesmo essa cumplicidade dos valores contrários, e se o *phármakon* em geral não fosse, antes de toda discriminação, o que, dando-se como remédio, pode (se) corromper em veneno, ou o que se dando como veneno pode se verificar remédio, pode aparecer depois de administrado em sua verdade de remédio. A "essência" do *phármakon* é que, não tendo essência estável, nem caráter "próprio", não é, em nenhum sentido dessa palavra (metafísico, físico, químico, alquímico), uma *substância*. O *phármakon* não tem nenhuma identidade ideal, ele é aneidético, e primeiro porque ele não é monoeidético (no sentido em que o *Fédon* fala do *eîdos* como de um simples: *monoeidés*). Esta "medicina" não é um simples. Mas nem por isso é um composto, um *súntheton* sensível ou empírico participando de várias essências simples. É antes o meio anterior no qual se produz a diferenciação em geral e a oposição entre o *eîdos* e seu outro; esse meio é *análogo* àquele que mais tarde, após e segundo a decisão filosófica, será reservado à imaginação transcendental, esta "arte oculta nas profundezas da alma", não dependendo simplesmente nem do sensível nem do inteligível, nem da passividade nem da atividade. O meio-elemento será sempre análogo ao meio-misto. De uma certa forma, Platão pensou e até mesmo formulou esta ambivalência. Mas ele o fez de passagem, de modo incidente, discretamente; a propósito da unidade dos contrários na virtude e não da unidade da virtude e de seu contrário:

> O ESTRANGEIRO: É apenas entre caracteres em que a nobreza é inata e mantida pela educação que as leis poderão criá-lo; é para eles que a arte criou esse remédio (*phármakon*); ele é, como dizíamos, o laço verdadeiramente divino que une entre si as partes da virtude, por mais dessemelhantes que sejam por natureza, e por mais contrárias que possam ser suas tendências (*Político*, 310 a).

Esta não-substância farmacêutica não se deixa manejar com toda segurança nem em seu ser, já que ela não o tem, nem em seus efeitos, que podem incessantemente mudar de sentido. Assim, a escritura, anunciada por Theuth como um remédio, como uma droga benéfica, é em seguida devolvida e denunciada pelo rei, depois, no lugar do rei, por Sócrates, como substância maléfica e filtro do esquecimento. Inversamente, e ainda que a legibilidade não seja imediata, a cicuta, essa poção que nunca teve outro nome no *Fédon* senão o de *phármakon*,[4] é apresentada a Sócrates como um veneno, mas ela se transforma, pelo efeito do *lógos* socrático e pela demonstração filosófica do *Fédon*, em meio de libertação, possibilidade de salvação e virtude catártica. A cicuta tem um efeito *ontológico*: iniciar à contemplação do *eîdos* e à imortalidade da alma.[5] *Sócrates a toma como tal*.

Há jogo ou artifício nessa aproximação cruzada? É que existe, sobretudo, o *jogo* num tal movimento e esse quiasma é autorizado, até prescrito, pela ambivalência do *phármakon*. Não apenas pela polaridade bem/mal, mas pela dupla participação nas regiões distintas da alma e do corpo, do invisível e do visível. Esta dupla participação, ainda uma vez, não mistura dois elementos previamente separados, ela remete ao mesmo que não é o idêntico, ao elemento comum, ao intermediário de toda dissociação possível. Assim, a escritura é *dada* como suplente sensível, visível, espacial da *mnḗmē*; ela se verifica em seguida nociva e entorpecente para o dentro invisível da alma, da memória e da verdade. Inversamente, a cicuta é dada como um veneno nocivo e entorpecente para o corpo. Ela se verifica em seguida benéfica para a alma, que libera do corpo e desperta para a verdade do *eîdos*. Se o *phármakon* é "ambivalente", é, pois, por constituir o meio no qual se opõem os opostos, o movimento e o jogo que os relaciona mutuamente, os reverte e os faz passar um no outro (alma/corpo, bem/mal, dentro/fora, memória/esquecimento, fala/escritura etc.). É a partir desse jogo ou desse movimento que os opostos ou os diferentes são *detidos* por Platão. O *phármakon* é o movimento, o lugar e o jogo (a produção de) a diferença. Ele é a diferência* da diferença. Ele mantém em reserva, na sua sombra e vigília indecisas, os diferentes e os diferindos que a discriminação virá aí recortar. As contradições e os pares de opostos levantam-se sobre o fundo dessa reserva diacrítica e diferante.** Já diferante, essa reserva, por "preceder" a oposição dos efeitos diferentes, por preceder as diferenças como efeitos, não tem pois a simplicidade pontual de uma *coincidentia oppositorum*. Desse fundo a dialética extrai seus filosofemas. O *phármakon*, sem nada ser por si mesmo, os excede sempre como seu fundo sem fundo. Ele se mantém sempre em reserva, ainda que não tenha profundidade fundamental nem última localidade. Nós o veremos prometer-se ao infinito e se escapar sempre por portas secretas, brilhantes como espelho e abertas sobre um labirinto. É também essa reserva de fundo que chamamos *a farmácia*.

---

* *Différance*, no original. Termo criado pelo autor no artigo "La différance", em *Théorie d'ensemble*. Paris: Seuil, 1968. A tradução por *diferência* segue a opção de Maria Beatriz M.N. da Silva, na sua tradução de *A escritura e a diferença*. São Paulo: Perspectiva, 1971, p. 72; também adotada por M. Schnaiderman e R. Janini, em *Gramatologia*.
** *Différante*, no original. Termo relativo a *différance*, que traduzimos por *diferante*.

NOTAS AO QUINTO CAPÍTULO

[1] "Voz nua, desguarnecida etc."; *psilòs lógos* tem, também, o sentido de argumento abstrato ou de afirmação simples e sem prova (cf. *Teeteto*, 165 a).

[2] Ao mesmo tempo e/ou alternadamente, o *phármakon* socrático petrifica e desperta, anestesia e sensibiliza, tranquiliza e angustia. Sócrates é o torpedo narcótico, mas também o animal com aguilhão: lembremo-nos da abelha do *Fédon* (91 c); mais adiante abordaremos a *Apologia* no ponto em que Sócrates se compara precisamente à mosca-varejeira. Toda esta configuração de Sócrates compõe, pois, um bestiário. É surpreendente que o demoníaco se assinale em um bestiário? É a partir desta ambivalência zoofarmacêutica e desta outra *analogia* socrática que se determinam os limites do *anthopos*.

[3] Teremos notado que esta cena é uma estranha réplica, inversa e simétrica, da cena do *Fedro*. A inversão: a unidade que sob o manto fazia passar um no outro, um texto e um *phármakon*, está pré-escrita no *Fedro* (o *phármakon* é o texto já escrito pelo "mais hábil dos escritores atuais"), apenas *prescrita* no *Cármide* (a receita do *phármakon* prescrita por Sócrates deve ser tomada sob seu ditado). A prescrição socrática é aqui oral e o discurso acompanha o *phármakon* como condição de sua eficácia. Na espessura e profundidade desta cena é preciso reler, no centro do *Político*, a crítica da receita médica escrita, dos "*hupomnḗmata gráphein*" cuja rigidez não se adapta à singularidade e à evolução da doença: ilustração do problema político das leis escritas. Como o médico que volta para ver seu doente, o legislador deve poder modificar suas primeiras prescrições (294 a-297 b; ver também 298 d e).

[4] Início do diálogo: "EQUÉCRATES: Estavas tu em pessoa, Fédon, ao lado de Sócrates no dia em que ele bebeu o veneno (*phármakon*) em sua prisão?" (57 a).
Fim do diálogo: "SÓCRATES: ... é preferível, com efeito, ao que parece, lavar-me a mim mesmo antes de beber o veneno (*phármakon*) e não dar às mulheres o trabalho de lavar um cadáver" (115 a). Cf. também 117 a.

[5] Poderíamos, pois, considerar a cicuta como uma espécie de *phármakon* da imortalidade. Já seríamos convidados a isso pela forma ritual e cerimonial que encerra o *Fédon* (116 b c). Em *Festin de l'immortalité* (esboço de um estudo de mitologia comparada indo-europeia, 1924), G. Dumézil faz alusão aos "traços, em Atenas, de um ciclo teseo em correlação com as *Targélias*" (falaremos mais adiante de uma certa relação entre as Targélias, o nascimento e a morte de Sócrates) e nota: "Nem Ferecide nem Apolodoro consignaram os ritos que deviam corresponder, em algum cantão da Grécia, à história do *phármakon* da imortalidade cobiçado pelos *Gigantes*, e àquela da 'Deusa artificial', *Atenas*, fazendo os Gigantes perderem sua imortalidade" (p. 89).

6. O *PHARMAKÓS*

Pertence à regra deste jogo que ele *pareça deter-se*. Então o *phármakon*, mais velho que os dois opostos, é "tomado" pela filosofia, pelo "platonismo" que se constitui nessa apreensão, como mistura de dois termos puros e heterogêneos. E poderíamos seguir a palavra *phármakon* como a um fio condutor em toda a problemática platônica dos mistos. Apreendido como mistura e impureza, o *phármakon* também age como o arrombamento e a agressão, ele ameaça uma pureza e uma segurança interiores. Esta definição é absolutamente geral e verifica-se mesmo no caso em que um tal poder é valorizado: o bom remédio, a ironia socrática vem perturbar a organização intestina da autocomplacência. A pureza do centro só pode ser restaurada, desde então, *acusando* a exterioridade sob a categoria de um suplemento, inessencial e no entanto nocivo à essência, de um excedente que não se *deveria ter* acrescentado à plenitude impenetrada do dentro. A restauração da pureza interior deve, pois, reconstituir, *narrar* —, e é o próprio mito, a *mitologia*, por exemplo, de um *lógos* contando sua origem e remontando às vésperas de uma agressão farmacográfica — aquilo ao que o *phármakon* não se deveria ter acrescentado, *parasitando-o*, assim, *literalmente*: letra instalando-se no interior de um organismo vivo para lhe tomar seu *alimento* e *confundir* a pura audibilidade de uma voz. Tais são as relações entre o suplemento de escritura e o *lógos-zôon*. Para curar este último do *phármakon* e expulsar o parasita é preciso, pois, reconduzir o fora ao seu lugar. Manter o fora fora. O que é o gesto inaugural da própria "lógica", do bom "senso" tal como ele se concilia com a identidade a si *disso que é*: o ente é o que ele é, o fora é fora e o dentro, dentro. A escritura deve, pois, tomar-se novamente o que ela nunca deveria ter deixado de ser: um acessório, um acidente, um excedente.

A cura pelo *lógos*, o exorcismo, a catarse anularão pois o excedente. Mas esta anulação sendo de natureza terapêutica, deve apelar àquilo mesmo que ela expulsa e ao excesso que ela *põe fora*. É preciso que a operação farmacêutica *exclua-se de si mesma*.
O que dizer? O que escrever? Platão não exibe a cadeia de significações que procuramos progressivamente exumar. Se houvesse sentido em colocar aqui uma tal questão, o que não acreditamos, seria impossível dizer até que ponto ele a maneja voluntária ou conscientemente e até que ponto ele sofre imposições, tal como elas pesam sobre seu discurso a partir da "língua". A palavra "língua", pelo que a liga a tudo o que colocamos aqui em questão, de forma alguma nos é pertinente, e seguir as imposições de uma língua não excluiria que Platão jogasse com ela, mesmo que esse jogo não seja representativo e voluntário. É no quarto dos fundos, na penumbra da farmácia, antes das oposições entre consciência e inconsciente, liberdade e obrigação, voluntário e involuntário, discurso e língua, que se produzem essas "operações" textuais.

Platão parece não dar nenhuma ênfase à palavra *phármakon* no momento em que o efeito da escritura muda do positivo ao negativo, quando o veneno aparece, sob os olhos do rei, como a verdade do remédio. Ele não diz que o *phármakon* é o lugar, o suporte e o operador dessa mutação. Mais adiante — voltaremos a isso —, comparando expressamente a escritura à pintura, Platão não relacionará explicitamente esse julgamento com o fato de que chame em outro ponto a pintura de *phármakon*. Pois em grego *phármakon* também significa pintura, não a cor natural, mas a tinta artificial, tintura química que imita o cromático dado nas coisas.

Contudo, todas essas significações e, mais precisamente, todas essas palavras aparecem no texto de "Platão". Só a cadeia é oculta, e por uma parte inapreciável ao próprio autor, se alguma coisa assim existe. Pode-se dizer, em todo caso, que todas as palavras "farmacêuticas" que assinalamos faziam efetivamente, se assim se pode dizer, "ato de presença" no texto dos diálogos. Porém, há uma outra palavra que, ao nosso conhecimento, jamais é utilizada por Platão. Se a colocamos em comunicação com a série *pharmakeía-phármakon-pharmakeús*, não podemos mais nos contentar em reconstituir uma cadeia que, por ser secreta, e até mesmo despercebida por Platão, passava não obstante por alguns *pontos de presença* referenciáveis no texto. A palavra à qual vamos agora fazer referência, presente na língua, remetendo a uma experiência presente na cultura grega e ainda do tempo de Platão, parece, no entanto, ausente do "texto platônico".

Mas o que quer dizer aqui *ausente* ou *presente*? Como todo texto, aquele de "Platão" não poderia deixar de estar em relação, de modo ao menos virtual, dinâmico, lateral, com todas as palavras que compõem o sistema da língua grega. Forças de associação unem, a distância, com uma força e segundo vias diversas, as palavras "efetivamente presentes" num discurso com todas as outras palavras do sistema lexical, quer elas apareçam ou não como "palavras", ou seja, como unidades verbais relativas num tal discurso. Elas comunicam com a totalidade do léxico pelo jogo sintáxico e ao menos pelas subunidades que compõem o que se denomina uma palavra. Por exemplo, *"phármakon"* comunica, desde já, mas não apenas, com todas as palavras da mesma família, com todas as significações construídas a partir da mesma raiz. A cadeia textual que precisamos assim repor no lugar não é mais, então, simplesmente "interior" ao léxico platônico. Mas ao transpassar esse léxico queremos menos ultrapassar, com ou sem razão, alguns limites, do que levantar a suspeita sobre o direito a dispor tais limites. Numa palavra, não acreditamos que exista com todo rigor um texto platônico, fechado sobre si mesmo, com seu dentro e seu fora. Não que seja preciso, desde então, considerar que ele vaze por toda parte e que se possa afogá-lo confusamente na generalidade indiferenciada de seu elemento. Simplesmente, suposto que as articulações sejam rigorosa e prudentemente reconhecidas, deve-se poder liberar forças de atração ocultas ligando uma palavra presente e uma palavra ausente no texto de Platão. Uma tal força, sendo dado o *sistema* da língua, não pôde deixar de pesar sobre a escritura e sobre a leitura desse texto. Em vista desse peso, a dita "presença" de uma unidade verbal inteiramente relativa — a palavra —, sem ser um acidente contingente não merecendo nenhuma atenção, não constitui, no entanto, o último critério e a última pertinência.

O circuito que propomos é, aliás, ainda mais fácil e legítimo por conduzir a uma palavra que se pode considerar, sobre uma de suas faces, como o sinônimo, quase o homônimo, de uma palavra da qual Platão "efetivamente" se serviu. Trata-se da palavra *"pharmakós"* (feiticeiro, mágico, envenenador), sinônimo de *pharmakeús* (utilizado por Platão), que tem a originalidade de ter sido sobredeterminada, sobrecarregada pela cultura grega com outra função. Com outro *papel*, e formidável.

Comparou-se o personagem do *pharmakós* a um bode expiatório. O *mal* e o *fora*, a expulsão do mal, sua exclusão fora do corpo (e fora) da cidade, tais são as duas significações maiores do personagem e da prática ritual.

Harpocrateão assim os descreve, comentando a palavra *pharmakós*: "Em Atenas, dois homens eram expulsos a fim de purificar a cidade. Isso se passou nas Targélias: um homem era expulso pelos homens, outro pelas mulheres?[1] Em geral, os *pharmakoí* eram destinados à morte. Mas não era esta, parece,[2] a finalidade essencial da operação. A morte sobrevinha o mais frequentemente como o efeito secundário de uma enérgica fustigação. Que visava primeiramente os órgãos genitais.[3] Os *pharmakoi*, uma vez afastados do espaço da cidade, os golpes deviam expulsar ou atrair o mal para fora de seus corpos. Também eram queimados como forma de purificação (*katharmós*)? Nas suas *Mil Histórias*, referindo-se a alguns fragmentos do poeta satírico Hiponax, Tzetzes descreve assim a cerimônia: "O (ritual do) *pharmakós* era uma dessas antigas práticas de purificação. Se uma calamidade se abatia sobre a cidade, exprimindo a cólera de deus — fome, peste ou qualquer outra catástrofe —, o homem mais feio de todos era conduzido como que a um sacrifício como forma de purificação e remédio para os sofrimentos da cidade. Procediam ao sacrifício num local convencionado e davam (ao *pharmakós*), com suas mãos, queijo, bolo de cevada e figos, depois, por sete vezes, batia-se nele com peras e figos silvestres e outras plantas silvestres. Finalmente, eles o queimavam com os ramos de árvores silvestres e esparramavam suas cinzas no mar e ao vento, como forma de purificação, como eu o disse, dos sofrimentos da cidade".[4]

O corpo próprio da cidade reconstitui, pois, sua unidade, toma a fechar-se na segurança de seu foro íntimo, devolve a si a fala que a vincula a si mesma nos limites da ágora, excluindo violentamente de seu território o representante da ameaça ou agressão exterior. O representante representa, sem dúvida, a alteridade do mal que vem afetar e infectar o dentro, irrompendo nele imprevisivelmente. Mas o representante do exterior não é menos *constituído*, regularmente disposto pela comunidade, escolhido, se assim se pode dizer, em seu seio, sustentado, alimentado por ela etc. Os parasitas eram, como é evidente, domesticados pelo organismo vivo que os hospeda a sua própria custa. "Os atenienses sustentavam regularmente, à custa do Estado, um certo número de indivíduos degradados e inúteis; e quando uma calamidade tal como a peste, a seca ou a fome se abatia sobre a cidade, eles sacrificavam dois desses reprovados, como bodes expiatórios."[5]

A cerimônia do *pharmakós* se passa, pois, no limite do dentro e do fora que ela tem por função traçar e retraçar sem cessar. *Intramuros/extramuros*. Origem da diferença e da partilha, o *pharmakós* representa o mal introjetado e projetado. Benéfico enquanto cura — e por isso venerado, cercado de cuidados —, maléfico enquanto encama as potências do mal — e por isso temido, cercado de precauções. Angustiante e apaziguador.

Sagrado e maldito. A conjunção, a *coincidentia oppositorum* se desfaz sem cessar pela passagem, pela decisão, pela crise. A expulsão do mal e da loucura restaura a *sōphrosúnē*. A exclusão tinha lugar nos momentos críticos (seca, peste, fome). A *decisão* era então repetida. Mas o domínio da instância crítica requer que a surpresa seja prevenida: pela regra, pela lei, pela regularidade da repetição, pela data fixa. A prática ritual, que tinha lugar em Abdera, em Thrace, em Marselha etc. reproduzia-se *todos os anos* em Atenas. E ainda no século V Aristófanes e Lísias fazem claras alusões a isso. Platão não podia ignorá-lo.

A data da cerimônia é notável: o sexto dia das Targélias. É o dia em que nasceu aquele cuja condenação à morte — e não apenas porque um *phármakon* foi a causa próxima — assemelha--se àquela de um *pharmakós* do interior: Sócrates.

Sócrates, também chamado o *pharmakeús* nos diálogos de Platão, Sócrates que, diante da acusação (*graphḗ*) lançada contra ele, não quis se defender, rejeitou a oferta logográfica de Lísias, "o mais hábil dos escritores atuais", que lhe propusera preparar-lhe uma defesa escrita. Sócrates nasceu no sexto dia das Targélias. Diógenes Laércio o testemunha: "Ele nasceu no sexto dia das Targélias, o dia em que os atenienses purificam a cidade".

NOTAS AO SEXTO CAPÍTULO

[1] As principais fontes que permitem descrever o ritual do *pharmakós* estão reunidas nos *Mythologische Forschungen* (1884) de W. Mannhardt, elaspróprias lembradas em particular por J.G. Frazer em *Le Rameau d'or* (tr. fr. p. 380 sq.), por J.E. Harrison, *Prolegomena to the study of greek religion* (1903, p. 95 sq.), *Themis, a study of the social origins of greek religion* (1912, p. 416), por Nilsson, *History of greek religion* (1925, p. 27), por P.M. Schuhl, *Essai sur la formation de la pensée grecque* (1934, pp. 36-37). Poderá ser consultado também o capítulo que Marie Delcourt consagra a Édipo nas suas *Légendes et cultes des héros en Grèce* (1942, p. 101); do mesmo autor, *Pyrrhos et Pyrrha, Recherches sur les valeurs du feu dans les légendes helléniques* (1965, p. 29), e sobretudo *Œdipe ou la légende du conquérant* (1944, pp. 29-65).

É, sem dúvida, o momento de observar, a propósito da aproximação tão necessária do personagem de Édipo e do personagem do *pharmakós*, que, apesar de certas aparências, o discurso que aqui sustentamos não é, *stricto sensu*, psicanalítico. E isso ao menos na medida em que tocamos um fundo textual (cultura, língua, tragédia, filosofia gregas etc.) ao qual Freud começou por consultar e não pôde cessar de se referir. É esse fundo que propomos interrogar. Isso não significa que a distância assim marcada por relação a um discurso psicanalítico que evoluiria de uma forma ingênua num texto grego insuficientemente decifrado etc. seja do mesmo tipo daquela à qual se mantém, por exemplo, M. Delcourt *(Légendes*, pp. 109, 113 etc.) e J.P. Vernant ("Œdipe sans complexe", in *Raison présente*, 1967).

Depois da primeira publicação desse texto, editou-se o notável ensaio de J.P. Vernant, "Ambiguité et renversement, sur la structure énigmatique d'Œdipe-Roi", in *Échanges et Communications, mélanges offerts à Claude Lévi-Strauss*, Mouton, 1970. Podemos ler nele, em particular, isto que parece confirmar nossa hipótese (cf. nota 2, cap. 5): "Como a Cidade poderia admitir em seu seio aquele, como Édipo, 'lançou sua flecha mais longe que qualquer outro' e se tomou *isótheos*? Quando funda o ostracismo, ela cria uma instituição cujo papel é simétrico e inverso ao ritual das Targélias. Na figura do banido, a Cidade expulsa o que nela é muito elevado e encama o mal que lhe pode advir do alto. Naquela do *pharmakós*, expulsa o que comporta de mais vil e que encama o mal que começa por baixo. Por essa dupla e complementar rejeição, ela se delimita ela própria em relação a um além e um aquém. Toma a medida própria do humano em oposição, por um lado, ao divino e ao heroico, por outro ao bestial e ao monstruoso" (p. 1275). De Vemant e Détienne, cf. também (notadamente sobre o *poikilon*, a respeito do qual falamos em outro ponto, p. 167) "La metis d'Antiloque", in *Revue des études grecques* (jan.-dec. 1967) e *La metis du renard et du poulpe*, ibid. (jul.-dec. 1969). Outra confirmação: em 1969 são editadas as *Œuvres* de Mauss. Pode-se ler nelas o seguinte:

"Aliás, todas essas ideias têm duas faces. Em outras línguas indo-europeias é a noção de veneno que é incerta. Kluge e os etimologistas têm o direito de comparar a série *potio* 'veneno' e *gift, gift*. Pede-se muito ler com interesse a bela discussão de Aulu-Gelle (12) sobre a ambiguidade do grego *phármakon* e do latim *venenum*. Pois a *Lex Cornelia de Sicariis et veneficis*, da qual Cícero nos conservou felizmente a 'recitação' mesma, especifica ainda *venenum malum* (13). A poção mágica, o encanto delicioso (14), pode ser bom ou mau. *Philtron* grego também não é um termo necessariamente sinistro, e a bebida da amizade, do amor, só é perigosa se o encantador o quer".

(12) 12, 9 que cita muito a propósito Homero.
(13) *Pro Cluentio*, 148. No Digesto, ainda se prescreve o especificar de qual "venenum", "bonum sive malum", se trata.
(14) Se a etimologia que aproxima *venenum* (v. Walde, *Lat. etym. Wört.*, ad. verb.) a *Vênus* e ao skr. *van, vanati* é exata, o que parece verdadeiro. (*Gift-gift* [1924], Extraído

de *Mélanges offerts à Charles Andler par ses amis et élêves*, Istra, Strasbourg, in *Œuvres* 3 (p. 50, Minuit, 1969.) O que reconduz ao *Essai sur le don* que remetia, desde então, a este artigo: "*Gift, gift*. Mélanges Ch. Andler, Strasbourg, 1924. Perguntaram-nos por que não havíamos examinado a etimologia *gift*, tradução do latim *dosis*, ele mesmo transcrição do grego δόσις, dose, dose de veneno. Esta etimologia supõe que os dialetos altos e baixos alemães teriam reservado um nome erudito a uma coisa de uso vulgar; o que não é a lei semântica habitual. Além disso, seria preciso ainda explicar a escolha da palavra *gift* para esta tradução, e o tabu linguístico inverso que tem pesado sobre o sentido 'dom' dessa palavra em algumas línguas germânicas. Enfim, o emprego latino e sobretudo grego da palavra *dósis* no sentido de veneno prova que, também entre os antigos, houve associações de ideias e de regras morais do gênero daquelas que nós descrevemos.

"Aproximamos a incerteza do sentido de *gift* daquela do latim *venenum*, daquela de φίλτρον e de φάρμαχον; seria preciso acrescentar a aproximação (Bréal, *Mélanges de la société linguistique*, t. III, p. 410), *venia*, *Venus*, *venenum*, de *vanati* (sânscrito, dar prazer) e *gewinnen*, *win* (ganhar). É preciso também corrigir um erro de citação. Aulu-Gelle dissertou muito sobre essas palavras, mas não é ele que cita Homero *(Odisseia,* IV, p. 226); é Gaius, o próprio jurista, em seu livro sobre as Doze Tábuas (Digesto, L. XVI, De verbo signif., 236)". (*Sociologie et Anthropologie*, PUF, p. 255, n. I.)

[2] Cf . Harrison, op. cit., p. 104.

[3] "Do mesmo modo, a intenção daqueles que batiam nos órgãos genitais do bode expiatório, com cilas [planta herbácea, bulbos a, cultivada às vezes por suas virtudes farmacêuticas, em particular diuréticas], era seguramente libertar seus poderes de reprodução de um encanto ou de uma obrigação imposta por demônios ou outras criaturas malfeitoras..." (Frazer, *Bouc émissaire*, p. 230.)

[4] Lembremos aqui a etimologia presumida de *phármakon/pharmakós*. Citemos E. Boisacq, *Dictionnaire étymologique de la langue grecque*. "*Phármakon*: encanto, filtro, droga, remédio, veneno. *Pharmakós*: mágico, feiticeiro, envenenador; aquele que se imola em expiação das faltas de uma cidade (cf. Hiponax; Aristófanes), donde celerado* *pharmasso*: att. *-tto*: trabalhar ou alterar com o auxflio de uma droga.

* Havers IF XXV 375-392, partindo de *parempháraktos*: *parakekomménos*, deriva *phármakon* de *phárma*: 'golpe' e este de R. *bher*: bater. cf. lit. *buriu*, de forma que *phármakon* teria significado: 'o que concerne um golpe demoníaco ou que é empregado como meio curativo contra tal golpe', sendo dada a crença popular muito difundida de que as doenças são causadas por golpes do demônio e curadas do mesmo modo. Kretschmer Glotta III, 388 sq, contrapõe que *phármakon* na epopeia designa sempre uma substância, erva, unguento, bebida ou outra matéria, mas não a ação de curar, de encantar, de envenenar: a etimologia de Havers acrescenta apenas uma possibilidade em face de outras, por exemplo a derivação de *phérō, phérma, 'quod terra feri'*."
Cf. também Harrison, p. 108: "... O *pharmakós* significa simplesmente 'homem--mágico'. O termo aparentado, em lituano, é *burin*, mágico; em latim, ele aparece sob a forma de *forma*, fórmula, encanto mágico; nosso 'formulário' retém algum vestígio de sua conotação primitiva. *Phármakon* quer dizer em grego droga curativa, veneno, tintura, mas sempre, para o melhor ou para o pior, em um sentido mágico".
No seu *Anatomy of criticism*, Northrop Frye reconhece na figura do *pharmakós* uma estrutura arquetípica e permanente da literatura ocidental. A exclusão do *pharmakós*, que não é, diz Frye, "nem inocente nem culpado" (p. 41), repete-se em Aristófanes ou Shakespeare, ela opera tanto sobre Shylock quanto sobre Falstaff, sobre Tartuffe não menos que sobre Charlot. "Nós reencontramos uma figura de *pharmakós* na Hester Prynne de Hawthorne, o Billy Budd de Melville, a Tess de Hardy, o Septimus de Mrs. Dalloway, nas histórias de judeus e de negros perseguidos, nas histórias de artistas cujo gênio os transforma em Ishmaels da sociedade burguesa." (p. 41, cf. também pp. 45-48, pp. 148-149.)

[5] Frazer, *Bouc émissaire*, p. 228. Cf. também Harrison, p. 102.

7. OS INGREDIENTES:
O DISFARCE; O FANTASMA; A FESTA

O rito do *pharmakós*: o mal e a morte, a repetição e a exclusão. Sócrates reúne em sistema todos esses pontos de acusação contra o *phármakon* da escritura no momento em que retoma por conta própria, para sustentá-la, explicitá-la, interpretá-la, a fala divina, real, paterna e solar, a sentença capital de Thamous. Os piores efeitos da escritura, esta fala apenas os predizia. Fala não demonstrativa, ela não pronunciava um saber, ela se pronunciava. Anunciando, pressagiando, decidindo. É uma *manteía*, Sócrates o disse (275 c). Cujo discurso vai, daqui em diante, dedicar-se a traduzir esta *manteía* em filosofia, a converter em moeda o capital, a fazê-lo valer, a prestar contas, a dar conta e razão, a dar razão ao dito basileu-patro-helio-teológico. A transformar o *mûthos* em *lógos*.

Qual pode ser a primeira reprovação dirigida por um deus desdenhoso ao que parece subtraído à sua eficácia? A ineficácia, certamente, a improdutividade, a produtividade somente aparente que apenas repete o que na verdade já está aí. É porque — primeiro argumento de Sócrates — a escritura não é uma boa *tékhnē*, entendamos uma arte capaz de engendrar, de pro-duzir, de fazer aparecer: o claro, o seguro, o estável (*saphés kaì bébaion*). Ou seja, a *alḗtheia* do *eîdos*, a verdade do ente em sua figura, em sua "ideia", em sua visibilidade não-sensível, em sua invisibilidade inteligível. A verdade do que é: a escritura ao pé da letra não tem, aí, nada a ver. Antes, aí, tem a (se) cegar. E aquele que acreditasse ter por meio de um grafema produzido a verdade, daria prova da maior tolice (*euḗtheia*). Enquanto o sábio socrático sabe que nada sabe, aquele tolo não sabe que já sabe o que acredita aprender da escritura, e que não faz mais que se repor em memória pelos tipos. Não se trata de se lembrar, por anamnésia, do *eîdos* contemplado antes da queda da alma no corpo, mas sim de se rememorar, ao modo hipomnésico, de algo cujo saber mnésico ele já tem. O *lógos* escrito é apenas um meio, para aquele que já sabe (*tòn eîdota*), de rememorar-se (*hupomnêsai*) das coisas a respeito das quais há a escritura (*tà gegramména*) (275 d). A escritura só intervém, pois, no momento em que o sujeito de um saber já dispõe de significados que a escritura então apenas consigna.

Sócrates retoma, assim, a oposição maior e decisiva que rasgava a *manteía* de Thamous: *mnḗmē/hypómnēsis*. Oposição sutil entre um saber como memória e um não-saber como rememoração, entre duas formas e dois momentos da repetição. Uma repetição de verdade (*alḗtheia*) que dá a ver e apresenta o *eîdos*; e uma repetição de morte e esquecimento (*lḗthē*) que vela e desvia porque não apresenta o *eîdos*, mas representa a apresentação, repete a repetição.[1]

A hipomnésia, a partir da qual se anuncia e se deixa pensar aqui a escritura, não só não coincide com a memória mas se constrói apenas como uma dependência da memória. E, por conseguinte, da apresentação da verdade. No momento em que é chamada a comparecer diante da instância paterna, a escritura se encontra determinada no interior de uma problemática do saber-memória; ela se encontra, pois, destituída de todos os seus atributos e de todos os seus poderes de rompimento. Sua força de rompimento é cortada não pela repetição, mas pelo mal da repetição, pelo que na repetição se desdobra, se redobra, repete a repetição e, isto feito, separada da "boa" repetição (aquela que apresenta e agrupa o ente na memória viva), pode sempre, abandonada a si, não mais se repetir. A escritura seria uma pura repetição e, portanto, uma repetição morta que pode sempre nada repetir ou não se repetir *espontaneamente* a si mesma: ou seja, do mesmo modo, só repetir a si mesma, a repetição vazia e abandonada.

Esta pura repetição, esta má reedição seria, pois, tautológica. Os *lógoi* escritos, "acreditar-se-ia que o pensamento anima o que eles dizem; mas, que se lhes dirija a palavra com a intenção de se esclarecer sobre um de seus ditos, é uma só coisa que se contentam em significar, sempre a mesma (*hén ti sēmaínei mónon tautòn aeí*)" (275 d). Repetição pura, repetição absoluta de si, mas de si já como referência e repetição, repetição do significante, repetição nula ou anuladora, repetição de morte, é tudo um. A escritura não é a repetição viva do vivo. O que a aparenta à pintura. E assim como a *República*, no momento em que condena as artes de imitação, aproxima pintura e poesia, assim como a *Poética* de Aristóteles as associará também sob o mesmo conceito de *mimēsis*, da mesma forma Sócrates compara aqui o escrito ao retrato, o *grafema* ao *zoografema*. "O que há de terrível (*deinón*), com efeito, penso, na escritura, é também, Fedro, que ela tenha verdadeiramente tanta semelhança com a pintura (*hómoion zōgraphía*). E, deste fato, os seres que procria passam por seres vivos (*hôs zônta*), mas que se lhes ponha alguma questão, plenos de dignidade (*semnôs*) eles se calam! Assim é do mesmo modo para os escritos..." (275 d.)

Sócrates também acusa no *Protágoras* a impotência para responder por si mesma, a irresponsabilidade da escritura. Os maus oradores políticos, aqueles que não sabem responder a "uma questão suplementar", "são como livros, que não podem nem responder nem interrogar" (329 a). É porque, diz ainda a *Carta VII*, "nenhum homem razoável se arriscará a confiar seus pensamentos a esse veículo, sobretudo quando é fixo como o são os caracteres escritos" (343 a; cf. também *Leis* XII, 968 d).

Quais são, em profundidade, sob os enunciados de Sócrates, os traços de semelhança que fazem da escritura um homólogo da pintura? A partir de qual horizonte anuncia-se seu silêncio comum, esse mutismo obstinado, essa máscara de gravidade solene e interdita que dissimula tão mal uma incurável afasia, uma surdez de pedra, um encerramento irremediavelmente débil à solicitação do *lógos*? Se escritura e pintura são convocadas juntas, chamadas a comparecer de mãos atadas diante do tribunal do *lógos*, a responder nele, é simplesmente porque são, ambas, *interrogadas*: como os representantes presumidos de uma fala, como capazes de um discurso, depositárias e mesmo encobridoras das palavras que se quer, então, lhes fazer dizer. Que elas não se mostrem à altura desse processo verbal, que se revelem impotentes em representar dignamente uma fala viva, em ser dela o intérprete ou o porta-voz, em sustentar uma conversação, em responder às questões orais, então elas não valem mais nada. São figurinos, máscaras, simulacros.

Não esqueçamos que pintura se diz aqui *zoografia*, representação inscrita, desenho *do vivo*, retrato de um modelo animado. O modelo dessa pintura é a pintura representativa, conforme a um modelo vivo. A palavra *zoografema* abrevia-se por vezes em *grámma* (*Crátilo*, 430 e e 431 c). Do mesmo modo a escritura deveria pintar a fala viva. Ela se assemelha pois à pintura na medida em que é pensada — em toda essa problemática platônica, pode-se enunciar numa palavra essa determinação compacta e fundamental — a partir desse modelo particular que é a escritura fonética tal como ela reinava na cultura grega. Os signos da escritura funcionavam nela num sistema em que deviam representar os signos da voz. Signos de signos.

Assim, da mesma forma que o modelo da pintura ou da escritura é a fidelidade ao modelo, da mesma forma a semelhança entre pintura e escritura é a própria *semelhança*: é que essas duas operações devem visar antes de tudo se assemelhar. Ambas são, com efeito, apreendidas como técnicas miméticas, a arte sendo inicialmente determinada como *mímēsis*.

Apesar dessa semelhança das semelhanças, o caso da escritura é mais grave. Como toda arte imitativa, pintura e poesia estão, certamente, distanciadas da verdade (*República*, X, 603 b). Mas ambas têm circunstâncias atenuantes. A poesia imita, mas a voz, de viva voz. A pintura, como a escultura, é silenciosa, mas seu modelo não fala. Pintura e escultura são artes do silêncio, Sócrates bem o sabe, ele, esse filho de escultor que quis inicialmente seguir o ofício de seu pai. Ele o sabe e o diz no *Górgias* (450 c d). O silêncio do espaço escultural ou pictural é, se assim se pode dizer, normal. Ele não o é mais na ordem escritural, já que a escritura se dá por imagem da fala. Ela desnatura, pois, mais gravemente o que pretende imitar. Ela não substitui nem mesmo uma imagem a seu modelo, ela inscreve no espaço do silêncio e no silêncio do espaço o tempo vivo da voz. Desloca seu modelo, não fornece dele nenhuma imagem, arranca violentamente ao seu elemento a interioridade animada da fala. Assim fazendo, a escritura distancia-se imensamente da verdade da coisa mesma, da verdade da fala e da verdade que se abre à fala.

E portanto do rei.

Lembremo-nos, com efeito, do famoso requisitório contra a mimética pictural na *República* (X, 597).[2] Trata-se primeiramente de banir a poesia da cidade, e desta vez, diferentemente do que se passa nos Livros II e III, por razões que dizem respeito essencialmente a sua natureza mimética. Os poetas trágicos, quando praticam a imitação, levam ao desconforto o entendimento daqueles que os escutam (*tēs tōn akouóntōn dianoías*) se estes últimos não dispõem de um antídoto (*phármakon*, 595 a). E este contraveneno é "o conhecimento do que as coisas são realmente" (*tò eidénai autà hóia tunkhánei ónta*). Se se pensa que mais adiante os imitadores e os mestres de ilusões serão apresentados como charlatães e taumaturgos (602 d), ou seja, espécies do gênero *pharmakeús*, o saber ontológico é ainda uma força farmacêutica oposta a uma força farmacêutica. A ordem do saber não é a ordem transparente das formas ou das ideias, tal como poderíamos por retrospecção interpretá-la, é o antídoto. Bem antes de ser dividido em violência oculta e saber justo, o elemento do *phármakon* é o lugar do combate entre a filosofia e seu outro. Elemento *nele mesmo*, se podemos ainda dizer, *indecidível*.

Ora, para definir a poesia de imitação, é preciso saber o que é a imitação em geral. E é o exemplo entre todos familiar da origem do leito. Ter-se-a todo o tempo para se interrogar em outro ponto sobre a necessidade que faz escolher este exemplo e sobre o deslize que no texto faz passar insensivelmente da mesa ao leito. Ao leito já feito. Em todo caso, Deus é o verdadeiro pai do leito, do *eîdos* clínico. O artífice é seu "demiurgo". O pintor, que chamamos ainda aqui zoógrafo, não é nem o gerador (*phutourgós*: autor da *phúsis* — como verdade — do leito) nem o demiurgo. Apenas o imitador. É de três graus que ele está distanciado da verdade original, da *phúsis* do leito.

E, portanto do rei.

"E, pois, o que será também o poeta trágico, já que é imitador: ele estará naturalmente afastado em três pontos do rei e da verdade, e também todos os demais imitadores." (597 e.)

Quanto a deitar por escrito este *eídōlon*, esta imagem que é já a imitação poética, isto acarretaria distanciá-lo do rei ao *quarto grau*, ou antes, por mudança de ordem ou de elemento, a desmembrá-lo desmesuradamente, se o próprio Platão já não dissesse em outro ponto, falando do poeta imitador em geral, "que ele está sempre a uma distância infinita da verdade" *(toû dè alēthoûs pórrō pánu aphestôta)* (605 c). Pois, diferentemente da pintura, a escritura não cria nem mesmo um fantasma. O pintor, sabe-se, não produz o ente-verdadeiro, mas a aparência, o *fantasma* (598 b), isto é, o que já simula a cópia (o *Sofista*, 236 b). Traduz-se, em geral, *phántasma* (cópia de cópia) por simulacro.[3] Aquele que escreve no alfabeto nem mesmo imita mais. Sem dúvida também porque imita, em certo sentido, perfeitamente. Ele tem mais chance de reproduzir a voz, já que a escritura fonética a decompõe melhor e a transforma em elementos abstratos e espaciais. Esta de-composição da voz é aqui ao mesmo tempo o que a conserva e o que melhor a corrompe. Imita-a perfeitamente porque não a imita mais de maneira alguma. Pois a imitação afirma e aguça sua essência apagando-se. Sua essência é sua não-essência. E nenhuma dialética pode resumir esta inadequação a si. Uma imitação perfeita não é mais uma imitação. Suprimindo a pequena diferença que, separando-o do imitado, a ele remete exatamente por isso, tornamos o imitante absolutamente diferente: um outro ente que não se refere mais ao imitado.[4] A imitação não responde a sua essência, só é o que ela é — imitação — estando em algum ponto falha ou antes em falta. Ela é má por essência. Ela só é boa sendo má. A falência estando aí inscrita, ela não tem natureza, não tem nada de próprio. Ambivalente, jogando consigo mesma, escapando de si mesma, só se realizando tomando-se oca, bem e mal ao mesmo tempo, indecidivelmente a *mimēsis* se aparenta ao *phármakon*. Nenhuma "lógica", nenhuma "dialética" pode consumir sua reserva, ainda que deva, sem cessar, extrair dela e nela se tranquilizar.

E, de fato, a técnica da imitação, tanto como a produção do simulacro, sempre foi, aos olhos de Platão, manifestação mágica, taumatúrgica:

> "E os mesmos objetos parecem tortos ou direitos, conforme os observemos na água ou fora dela, côncavos ou convexos, segundo uma outra ilusão de ótica produzida pelas cores, e é evidente que tudo isso lança a confusão em nossa alma. É a esta enfermidade de nossa natureza que a pintura com sombreados (*skiagraphía*), a arte do charlatão (*goēteía*) e cem outras invenções do mesmo gênero se dirigem e aplicam todos os prestígios da magia (*thaumatopoía*)" (*República*, X, 602 c d; cf. também 607 c).[5]

O antídoto ainda é a *epistḗmē*. E como a *hybris* não é, no fundo, mais que esse arrebatamento desmedido que conduz o ser ao simulacro, à mascara e à festa, o único antídoto será aquele que permite *guardar a medida*. O *alexiphármakon* será a ciência da medida, em todos os sentidos dessa palavra. Sequencia do mesmo texto:

> "Contra essa ilusão não se descobriram remédios preciosos na medição (*metreîn*), no cálculo (*arithmeîn*) e na pesagem

(*istánai*), de modo que o que prevalece em nós não é a aparência (*phainómenon*) variável de grandeza ou pequenez, de quantidade ou de peso, mas sim a faculdade que calculou, mediu, pesou?... Ora, pode-se olhar todas essas operações como sendo obra da razão (*toû logistikoû érgon*) que está em nossa alma". (O que Chambry traduz aqui por "remédios" é a palavra que qualifica no *Fedro* a assistência, o socorro (*boétheia*) que o pai da fala viva deveria sempre prestar à escritura, que é, em si mesma, carente.)

O ilusionista, o técnico do *trompe l'œil*, o pintor, o escritor, o *pharmakeús*. Não se deixou de realçá-lo: "... a palavra *phármakon*, que significa cor, não é a mesma que se aplica às drogas dos feiticeiros ou dos médicos? Os feiticeiros não usam, para seus malefícios, figurinos de cera?".[6] O *encantamento* é sempre o efeito de uma *representação*, pictural ou escultural, capturando, cativando a forma do outro, sobretudo em seu rosto, na sua face, fala e olhar, boca e olho, nariz e orelhas: *vultus*.

A palavra *phármakon* designa, pois, também a cor pictural, a matéria na qual se inscreve o *zoografema*. Veja-se o *Crátilo*: na sua troca com Hermógenes, Sócrates examina a hipótese segundo a qual os nomes imitam a essência das coisas. Ele compara, para distingui-las, a imitação musical ou pictural, por um lado, e, por outro, a imitação nominal. Então, seu gesto não nos interessa apenas porque faça apelo ao *phármakon*, mas também porque uma outra necessidade lhe é imposta, à qual tentaremos, daqui em diante, esclarecer progressivamente: no momento de abordar os elementos diferenciais da língua de nomes, ele deve, como o fará mais tarde Saussure, suspender a instância da voz como sonoridade imitando sons (música imitativa). Se a voz nomeia, é pela diferença e relação que se introduzem entre os *stoikheía*, os elementos ou as letras (*grámmata*). A mesma palavra (*stoikheía*) designa os elementos e as letras. E será preciso refletir sobre o que se dá aqui como necessidade convencional ou pedagógica: designa-se os fonemas em geral, vogais — *phōnéenta*[7] — e consoantes, pelas letras que os inscrevem.

SÓCRATES: ... Mas como distinguir o que serve de ponto de partida à imitação do imitador? Já que a imitação da essência se faz com sílabas e letras, o procedimento mais correto não é distinguir antes de tudo os elementos? Assim fazem aqueles que estudam os ritmos; eles começam por distinguir o valor dos elementos (*stoikheíōn*), depois o das sílabas, e é então, mas então somente, que abordam o estudo dos ritmos.

HERMÓGENES: Sim.

SÓCRATES: Não devemos, pois, nós também, distinguir antes de tudo as vogais (*phōnéenta*); depois, no restante, classificar por espécies os elementos que carecem de som e ruído (*áphōna kaì áphthonga*) — é assim que falam os que entendem do assunto; em seguida passar aos elementos que, não sendo vogais, não são, no entanto, mudos, e, nas próprias vogais, discernir as diferentes espécies? Quando tivermos feito essas distinções precisaremos, nesse momento, distinguir corretamente todos os seres que devem receber nomes, verificando se há categorias às quais todos eles se ajustem, como os elementos, e segundo as quais pode-se ao mesmo tempo reconhecê-los e reconhecer se existem entre eles espécies como nos elementos. Todos esses problemas examinados a fundo, saberemos atribuir cada elemento segundo sua semelhança, se preciso atribuindo apenas um a um só objeto, ou misturando vários para um objeto apenas. Os pintores, para obter a semelhança, empregam tanto uma simples tinta púrpura quanto alguma outra cor (*állo tòn phármakon*); às vezes misturam várias, quando, por exemplo, preparam um tom de carne ou tal outro do mesmo gênero, segundo, imagino, cada retrato necessite de uma cor (*pharmákou*) particular. Do mesmo modo, também, aplicaremos os elementos às coisas, a apenas uma o elemento único que pareça necessário, ou vários ao mesmo tempo formando o que chamamos de sílabas; reuniremos, por sua vez, as sílabas que servem na composição dos nomes e verbos; e novamente, com os nomes e verbos, constituiremos um grande e belo conjunto, como há pouco o ser vivo (*zỗon*) reproduzido pela pintura (*tễ graphikễ*) (424 b-425 a).

Mais adiante:

SÓCRATES: Tu tens razão. Mas então, para que o nome seja semelhante ao objeto, os elementos que constituirão os nomes primitivos devem, com toda necessidade, ser naturalmente semelhantes aos objetos? Explico-me: teríamos algum dia composto o quadro ao qual nos referimos há pouco, semelhante à realidade, se a natureza não fornecesse, para compor os quadros, cores (*pharmakeía*) semelhantes aos objetos que a pintura imita? Isso não seria impossível? (434 a b.)

A *República* chama também *phármaka* as cores do pintor (420 c). A magia da escritura e da pintura é, pois, aquela de um disfarce que dissimula a morte sob a aparência do vivo. O *phármakon* apresenta e abriga a morte. Ele dá boa figura ao cadáver, o mascara e disfarça. Perfuma-o com sua essência, como é dito em Ésquilo. O *phármakon* designa também o perfume. Perfume sem essência, como antes dizíamos droga sem substância. Ele transforma a ordem em enfeite, o cosmos em cosmético. A morte, a máscara, o disfarce, é a festa que subverte a ordem da cidade, tal como ela deveria ser regulada pelo dialético e pela ciência do ser. Platão, já veremos, não tardará em identificar a escritura e a festa. E o jogo. Uma certa festa e um certo jogo.

NOTAS AO SÉTIMO CAPÍTULO

[1] Poderíamos mostrar que toda a fenomenologia husserliana está sistematicamente organizada em tomo de uma oposição análoga entre apresentação e re-presentação (*Gegenwärtigung/Vergegenwärtigung*), depois entre lembrança primária (que faz parte do originário "no sentido amplo") e lembrança secundária. Cf. *La voix et le phénomène*.

[2] Estudarei essa passagem, sob um outro ponto de vista, num texto a ser publicado, "Entre deux coups de dés".

[3] Sobre o lugar e a evolução do conceito de *mímēsis* no pensamento de Platão, remetemos antes de tudo ao *Essai sur le Cratyle* (1940), de V. Goldschmidt (especialmente p. 165 sq). Parece, em particular, que Platão não condenou sempre e por toda parte a *mimēsis*. Podemos concluir ao menos o seguinte: que ele condene ou não a imitação, Platão coloca a questão da poesia determinando-a como *mimēsis*, abrindo assim o campo no qual a *Poética* de Aristóteles, toda ela comandada por esta categoria, produzirá *o conceito* da literatura que reinará até o século XIX, até Kant e Hegel exclusive (exclusive se ao menos se traduzir *mimēsis* por *imitação*).

Por outro lado, Platão condena sob o nome de *fantasma* ou *simulacro* o que se anuncia hoje, na sua mais radical exigência, como escrituro. Ao menos pode-se assim nomear *no interior* da filosofia e da "mimetologia" o que excede as oposições de conceitos nos quais Platão define o fantasma. Além dessas oposições, além dos valores de verdade, não-verdade, este excedente de escritura não pode mais, pressentimos, deixar-se simplesmente qualificar pelo simulacro ou pelo fantasma. Nem, sobretudo, pelo conceito clássico de escritura.

[4] "Não haveria dois objetos (*prágmata*), tais como Crátilo e a imagem de Crátilo, se um deus, não satisfeito em reproduzir apenas tua cor e tua forma, como os pintores, representasse além disso, tal como ele é, todo o interior de tua pessoa, dando exatamente seus caracteres de flacidez e calor, e colocasse nele o movimento, a alma e o pensamento, tais como eles são em ti; em resumo, se todos os traços de tua pessoa, ele dispusesse junto a ti numa cópia fiel? Haveria então Crátilo e uma imagem de Crátilo, ou então dois Crátilos? CRÁTILO: Dois Crátilos, Sócrates, me parece." (432 b c.)

[5] Sobre todos esses temas, cf. especialmente P.M. Schuhl, *Platon et l'art de son temps*.

[6] P.M. Schuhl, op. cit., p. 22. Cf. também *Essai sur la formation de la pensée grecque*, p. 39 sq.

[7] Cf. também o *Filebo*, 18 a b.

8. A HERANÇA DO *PHÁRMAKON*: A CENA DE FAMÍLIA

Eis-nos introduzidos a uma outra profundidade da reserva platônica. Esta farmácia é também, nós o sentimos, um teatro. O teatral nela não se deixa resumir numa fala: existem forças, existe um espaço, a lei, o parentesco, o humano e o divino, o jogo, a morte, a festa. Por isso a profundidade que a nós se descobre será necessariamente uma outra cena, ou antes, um outro quadro na peça da escritura. Após a apresentação do *phármakon* ao pai, após o rebaixamento de Theuth, Sócrates retoma, pois, a fala por sua conta. Ele parece querer substituir o *lógos* ao mito, o discurso ao teatro, a demonstração à ilustração. E, no entanto, em meio às suas explicações, uma outra cena avança lentamente na luz, menos imediatamente visível que a precedente, mas, numa surda latência, tão tensa e violenta quanto a outra, compondo com ela, no recinto farmacêutico, uma organização sábia e viva de figuras, deslocamentos e repetições.

Esta cena nunca foi lida pelo que ela é inicialmente, abrigando-se e manifestando-se ao mesmo tempo em suas metáforas: de família. Trata-se de pai e filho, de bastardo que não é sequer auxiliado pela assistência pública, de filho legítimo e glorioso, de herança, de esperma e esterilidade. A mãe é relegada ao silêncio, mas dele não nos será feita nenhuma objeção. E se a procurarmos bem, como nessas imagens-adivinhas, veremos, talvez, sua forma instável, desenhada ao avesso, por entre as folhagens, no fundo de um jardim, *eis Adónidos képous*. Nos jardins de Adônis (276 b).

Sócrates acabou de comparar os descendentes (*ékgona*) da pintura e da escritura. Ele ridicularizou sua suficiente insuficiência, a monótona e solene tautologia das respostas que

nos significam cada vez que os interrogamos. Ele prossegue:
"Outra coisa: quando de uma vez por todas foi escrito, cada discurso lançar-se-á de um lado a outro, indiferentemente junto àqueles que o conhecem e, da mesma forma, junto àqueles aos quais não diz respeito, e ele não sabe quais são aqueles aos quais justamente deve se dirigir ou não. Que, por outro lado, se levantem a seu respeito vozes discordantes e seja desdenhado de forma injusta, terá sempre necessidade da assistência de seu pai: sozinho, com efeito, não é capaz nem de se defender nem de dar assistência a si próprio" (275 e).

A metáfora antropomórfica, e até mesmo animista, explica-se sem dúvida pelo fato de que o escrito é um *discurso* escrito (*lógos gegramménos*). Enquanto vivo, o *lógos* provém de um pai. Não há, pois, para Platão coisa escrita. Há um *lógos* mais ou menos vivo, mais ou menos próximo a si. A escritura não é uma ordem de significação independente, é uma fala enfraquecida, de forma alguma uma coisa morta: um morto vivo, um morto em *sursis*, uma vida diferida, uma aparência de respiração; o fantasma, o espectro, o simulacro (*eidōlon*, 276 a) do discurso vivo não é inanimado, não é insignificante, simplesmente ele significa pouco e sempre identicamente. Esse significante escasso, esse discurso sem grande responsável é como todos os espectros: errante. Ele vaga (*kulindeîtai*) aqui e ali como alguém que não sabe aonde vai, tendo perdido a via reta, a boa direção, a regra de retidão, a norma; mas, também, como alguém que perdeu seus direitos, como um fora da lei, um desviado, um mau rapaz, um vagabundo ou um aventureiro. Correndo as ruas, ele não sabe nem mesmo quem ele é, qual é sua identidade, se é que tem uma, e um nome, aquele de seu pai. Ele repete a mesma coisa quando é interrogado em todos os cantos de rua, mas não sabe mais repetir sua origem, Não saber de onde se vem e para onde se vai, para um discurso sem responsável, é não saber falar, é o estado de infância. Ele próprio desenraizado, anônimo, sem laços com seu país e sua casa, esse significante quase insignificante está à disposição de todo mundo,[1] igualmente dos competentes e dos incompetentes, daqueles que entendem e nele se entendem (*toîs epaíousin*) e daqueles que não têm nenhum interesse nisso, e que, não conhecendo nada dele, podem afligi-lo com todas as impertinências.

Disponível para todos e para cada um, oferecida nas calçadas, a escritura não é essencialmente democrática? Poder-se-ia comparar o processo da escritura ao processo da democracia, tal como é instruído na *República*. Na sociedade democrática não há nenhuma preocupação com a competência, as responsabilidades são confiadas a qualquer um. As magistraturas são escolhidas ao acaso (557 a). O igual é igualmente dispensado ao igual e ao desigual (558 c). Desmedida, anarquia; o homem democrático, sem nenhuma preocupação com a hierarquia, "estabelece entre os prazeres uma espécie de igualdade" e entrega o governo de sua alma ao primeiro que chega, "como se a sorte decidisse, até que ele esteja saciado, depois Se abandona a outro e, sem rejeitar nenhum, os trata em pé de igualdade... Quanto à razão (*lógon*) e à verdade (*alēthḗ*), continuei, ele as repele e não lhes permite entrar na guarnição. Que se lhe diga que tais prazeres vêm de desejos nobres e bons, e os outros de desejos perversos, que seja preciso cultivar e honrar os primeiros, reprimir e domar os segundos, a tudo isto ele responde com um sinal de desdém, sustenta que são todos de mesma natureza e que é preciso honrá-los igualmente" (561 b-c).

Esse democrata errante como um desejo ou como um significante liberado do *lógos*, esse indivíduo que não é nem mesmo regularmente perverso, que está disposto a tudo, que se presta a todos, que se entrega igualmente a todos os prazeres, a todas as atividades, eventualmente até mesmo à política e à filosofia ("algumas vezes o acreditaríamos mergulhado na filosofia; frequentemente ele é homem de Estado e, saltando na tribuna, diz e faz o que lhe passa pela cabeça"; 561 d), esse aventureiro, como aquele do *Fedro*, simula tudo ao acaso e não é verdadeiramente nada. Entregue a todas as correntes, pertence à massa, não tem essência, verdade, patronímico, constituição própria. A democracia não é, aliás, uma constituição, do mesmo modo que o homem democrático não tem caráter próprio: "Mostrei também, creio, disse, que ele reúne em si formas de todo tipo e caracteres de cem espécies, e que o homem belo e colorido (*poikílon*) que se assemelha ao Estado democrático. Além disso, muitas pessoas de ambos os sexos desejam esse gênero de existência em que encontramos quase todos os modelos de governo e costumes" (561 e). A democracia é a orgia, a libertinagem, o bazar, o mercado livre, a "feira (*pantopólion*) das constituições em que se pode escolher o modelo que se quer reproduzir" (557 d).

Que se considere como gráfica ou política, ou melhor — o que fará todo o século XVIII francês, e sobretudo Rousseau —, como político-gráfica, uma tal degradação sempre se pode explicar a partir de uma má relação entre o pai e o filho (cf. 559 a-560 b). Os desejos, diz Platão, devem ser educados como filhos.

A escritura é o filho *miserável*. O miserável. O tom de Sócrates é tanto acusador e *categórico*, denunciando um filho desviado e revoltado, uma desmedida e uma perversão, tanto compadecido e condescendente, apiedando-se de um ser desguarnecido, um filho abandonado por seu pai. De qualquer modo, um filho *perdido*. Cuja impotência é tanto aquela de um órfão[2] quanto a de um parricida perseguido, e, por vezes, injustamente. Na comiseração, Sócrates deixa-se levar longe o bastante: se há discursos vivos perseguidos e desguarnecidos do socorro de um logógrafo (foi o caso da fala socrática), também há discursos semimortos — escritos — perseguidos porque a fala do pai morto lhes falta. Pode-se então atacar a escritura, dirigir-lhe reprovações injustas (*ouk en diké loidorētheís*) que apenas o pai poderia remover — assistindo assim seu filho — se, precisamente, seu filho não o tivesse matado.

A morte do pai abre o reino da violência. Escolhendo a violência — e é exatamente disto que se trata desde o início — e

a violência contra o pai, o filho — ou a escritura parricida —, não pode deixar de se expor a si mesmo. Tudo isso é feito para que o pai morto, primeira vítima e último recurso, não esteja mais aí. O estar-aí é sempre aquele de uma fala paterna. E o lugar de uma pátria.
A escritura, o fora da lei, o filho perdido. É preciso lembrar aqui que Platão associa sempre a fala e a lei, *lógos* e *nómos*. As leis falam. Na prosopopeia do *Criton*, elas se endereçam a Sócrates. E no décimo livro da *República*, falam justamente ao pai que perdeu seu filho, o consolam, lhe pedem que resista:

> "Dizíamos então, disse, que um homem de caráter moderado a quem acontece alguma desgraça, como a perda de um filho ou de algum outro objeto precioso, suportaria esta pena mais facilmente que qualquer outro [...] Ora, o que lhe impele a resistir não é a razão e a lei (*lógos kaì nómos*), e o que o leva a se afligir não é o próprio sofrimento (*autò tò páthos*)? [...] A lei diz (*légei pou ho nómos*) que não há nada mais belo do que conservar a maior calma possível na desgraça..." (603 e–604 a b).

O que é o pai?, indagávamos mais acima. O pai é. O pai é (o filho perdido). A escritura, o filho perdido, não responde a essa questão, ela (se) escreve: (que) o pai *não* está, ou seja, não está presente. Quando ela não é mais uma fala despossuída do pai, ela suspende a questão *o que é*, que é sempre, tautologicamente, a questão "o que é o pai?" e a resposta "o pai é o que é". Então, produz-se uma linha de frente que não se deixa mais pensar na oposição corrente do pai e do filho, da fala e da escritura.

É chegado o momento de lembrar que Sócrates desempenha nos diálogos o papel do pai, *representa* o pai. Ou o irmão mais velho. Ora, veremos num instante o que se passa com este. E Sócrates lembra aos atenienses, como um pai aos seus filhos, que, ao matá-lo, será a eles próprios a quem, inicialmente, prejudicarão. Escutemo-lo em sua prisão. Sua astúcia é infinita e, portanto, ingênua ou nula ("Preservem-me com vida — uma vez que já estou morto — para vocês."):

"E agora, atenienses, não me interrompam [...] Eu vos declaro: se me condenardes à morte, sendo o que sou, não é a mim que prejudicareis, é a vós próprios [...] Pensai nisso: se mandardes me matar, não encontrareis facilmente um outro homem — eu o digo com o risco de produzir o riso —, um homem ligado a vós pela vontade dos deuses para vos estimular como uma mosca-varejeira estimularia um cavalo grande e de boa raça, mas um pouco abatido em razão de seu tamanho, e que teria necessidade de ser excitado. Este ofício é aquele para o qual o deus parece ter-me ligado a vossa cidade, e eis por que não cesso de vos estimular, de vos exortar, de repreender cada um de vós, assediando cada um por toda parte, da manhã à noite. Não, juízes, não encontrareis facilmente um igual a mim; e, por conseguinte, se me acreditásseis, vós me preservaríeis preciosamente. Apenas é bem possível que vos impacienteis, como pessoas adormecidas que acordamos, e que então, num movimento de cólera, escutaríeis Ânito e mandaríeis me matar imprudentemente. Após o que, passaríeis o resto de vossas vidas a dormir; a menos que o deus, cuidando de vós, vos enviasse alguém para me suprir (*epipémpseie*). Em todo caso, podeis estar bem seguros de que sou um homem dado à cidade pela divindade: perguntai se é humanamente possível negligenciar, como eu, todos os interesses pessoais, suportar as consequências disto depois de tantos anos, e isso para se ocupar unicamente de vós, assumindo, junto de cada um, o papel de um pai ou de um irmão mais velho (*hōsper patéra è adelphòn presbúteron*), estimulando-o em aplicar-se para que se torne melhor" (*Apologia*, 30 c-31 b).

E o que impulsiona Sócrates a suprir o pai ou o irmão mais velho junto aos atenienses — papel no qual espera ser também suprido — é uma certa voz. Que proíbe, aliás, mais do que dita; e à qual ele obedece espontaneamente, como o bom cavalo do *Fedro*, ao qual são suficientes as ordens da voz, do *lógos*:

"Isso se deve — como me haveis frequentemente ouvido declarar e em vários lugares — a uma certa manifestação de um deus ou de um espírito divino, que se produz em mim, e do qual Meletos fez objeto de sua acusação, gabando-se disso (*[phōnē] ho dè kaí en tê graphê epikômôdôn Mēlétos egrápsato*). É algo que começou desde minha infância, uma certa voz (*phonè*) que, quando se faz ouvir, me desvia sempre do que eu ia fazer, sem nunca me levar a agir" (31 c d).

Portador desse signo do deus (*to tou théou semeion*, 40 b c; *tò daimónion sēmeîon*, *República*, VI, 496 c), Sócrates toma, pois, a voz do pai, ele é o porta-voz do pai. E Platão *escreve a partir de sua morte*. Toda escritura platônica — e não falamos aqui do que ela quer dizer, de seu conteúdo significado: a reparação do pai, em caso de necessidade, contra a *graphé* que decidiu *sua morte* — é, pois, *lida a partir da morte de Sócrates*, na situação da escritura acusada no *Fedro*. A articulação das cenas é abissal. A farmácia não tem fundo.

Ora, que fim levou esta acusada? Até aqui, a escritura — o discurso escrito — não tinha outro estatuto, se se pode ainda dizer, que aquele de órfão ou de parricida moribundo. Se ele se perverteu no curso de sua história, rompendo com sua origem, nada dizia ainda que esta origem fosse em si mesma, desde então, má. Parece, agora, que o discurso escrito, no sentido "próprio" — inscrito no espaço sensível —, é malformado de nascimento. Ele não é bem-nascido: não apenas, como o vimos, não é inteiramente viável, senão que não é de bom nascimento, de nascimento legítimo. Ele não é *gnḗsios*. Não é exatamente um plebeu, é um bastardo. Pela voz de seu pai ele não pode ser declarado, reconhecido. Ele é fora da lei. Com efeito, após a aprovação de Fedro, Sócrates prossegue:

> SÓCRATES: O que dizer? Devemos considerar, para um outro discurso, irmão do precedente (o discurso escrito) e legítimo aquele (*adelphòn gnḗsion*), em quais condições ele se dá e de quanto ultrapassa o outro pela qualidade e pela potência de sua seiva?
> FEDRO: Qual é esse discurso do qual falas e em quais condições ele se dá segundo tu?
> SÓCRATES: É aquele que, acompanhado de saber, se escreve na

alma do homem que aprende (*hós met' epistḗmēs gráphetai en tễ toû manthánontos psuchễ*), aquele que é capaz de se defender a si mesmo (*dunatòs mèn amûnai heautỗ*) e que, por outro lado, sabe falar tanto quanto se calar diante de quem é preciso.

FEDRO: Tu queres dizer o discurso daquele que sabe (*toû eidótos lógon*), discurso vivo e animado (*zỗnta kaì émpsuchon*) do qual poderíamos dizer, com toda justiça, que o discurso escrito é um simulacro (*eídōlon*)?

SÓCRATES: Ah, sim! Justamente (276 a).

No seu conteúdo, esta réplica não tem nada de original, Alcidamas[3] dizia mais ou menos a mesma coisa. Mas ela marca uma espécie de reversão no funcionamento da argumentação. Apresentando a escritura como um falso-irmão, ao mesmo tempo um traidor, um infiel e um simulacro, Sócrates é levado pela primeira vez a considerar o irmão desse irmão, o legítimo, como uma *outra espécie de escritura*: não apenas como um discurso sábio, vivo e animado, mas como uma *inscrição* da verdade na alma. Sem dúvida, tem-se facilmente a impressão de se estar aqui diante de uma "metáfora". Platão — por que não e qual a importância? — também acreditava, talvez, no momento em que se dava, e até mesmo começava, sem dúvida, a história de uma "metáfora" (inscrição, impressão, marca etc. na cera do cérebro ou da alma) da qual a filosofia não poderá mais se livrar, por pouco crítico que seja seu tratamento. Ora, não é menos notável, aqui, que a fala supostamente viva seja rapidamente descrita por uma "metáfora" tomada de empréstimo à própria ordem do que se quer excluir, à ordem do simulacro. Empréstimo tomado necessário pelo que liga estruturalmente o inteligível à sua repetição na cópia, e a linguagem, descrevendo a dialética, não pode deixar de invocar isto.

Segundo um esquema que dominará toda a filosofia ocidental, uma boa escritura (natural, viva, sábia, inteligível, interior, falante) é oposta a uma má escritura (artificiosa, moribunda, ignorante, sensível, exterior, muda). E a boa só pode ser designada na metáfora da má. A metaforicidade é a lógica da contaminação e a contaminação da lógica. A má escritura é, em relação à boa, como um modelo de designação linguística e um simulacro de essência. E se a rede das oposições de predicados que relacionam uma escritura com outra comporta em sua trama todas as oposições conceituais do "platonismo" — considerado aqui como a estrutura dominante da história da metafísica —, poder-se-á dizer que a filosofia se exerceu no jogo de duas escrituras. Ainda quando só quisesse distinguir entre fala e escritura.

Confirma-se em seguida que a conclusão do *Fedro* é menos uma condenação da escritura em nome da fala presente que a preferência de uma escritura a outra, de um rastro fecundo a um rastro estéril, de uma semente geradora, porque depositada no dentro, a uma semente gasta no fora em pura perda: no risco da *disseminação*. Isto, ao menos, é suposto por aquilo. Antes de procurar sua razão numa estrutura geral do platonismo, sigamos esse movimento.

A entrada em cena do *phármakon*, a evolução das potências mágicas, a comparação com a pintura, a violência e a perversão político-familiar, a alusão aos disfarces, à máscara, aos simulacros, tudo isso não poderia deixar de introduzir ao jogo e à festa, que nunca se dão sem alguma urgência ou jorro de esperma.

Não nos decepcionaremos desde que se aceite uma certa escansão do texto, e não considerando como contingências retóricas os termos da analogia proposta por Sócrates.

A analogia: a relação da escritura-simulacro com o que representa a escritura verdadeira (a verdadeira escritura porque é verdadeira, autêntica, respondendo por seu valor, conforme a sua essência, escritura da verdade na alma daquele que tem a *epistémē*) —, essa relação é *análoga* à relação das sementes fortes, férteis, engendrando produtos necessários, duráveis e nutritivos (sementes frutíferas) com as sementes fracas, logo esgotadas, supérfluas, dando nascimento a produtos efêmeros (sementes floríferas). De um lado, o agricultor paciente e sensato (*ho noûn ékhōn geōrgós*); de outro, o jardineiro de luxo, apressado e jogador. De um lado, o sério (*spoudḗ*); de outro, o jogo (*paidía*) e a festa (*heortḗ*). De um lado, a cultura, a agricultura, o saber, a economia; de outro, a arte, o gozo e a despesa sem reserva.

SÓCRATES: ...E agora, diga-me: o cultivador inteligente,[4] se tem sementes com as quais se preocupa (*hỗn spermátōn kḗdoito*) e das quais deseja que frutifiquem, será que com toda a seriedade (*spoudḗ*) irá, em pleno verão, semeá-las nos jardins de Adônis[5] pela satisfação de ver esses jardins ganharem um aspecto soberbo ao fim de oito dias? Ou então não seria para se divertir (*paidiâs*),[6] por causa da festa (*heortễs*), que ele procederia desse modo, supondo que lhe ocorresse fazê-lo? Mas antes, se existem aquelas que lhe interessam, ele disporá a proveito a arte do cultivo para semeá-las no terreno apropriado, e se felicitará sem dúvida se, ao final de oito meses, todas aquelas que semeou atingirem seu termo [...] Mas o homem que possui a ciência do justo, do belo, aquela do bem, devemos nós afirmar que ele tem menos inteligência que o cultivador, com relação às sementes que são as suas? [...] Assim, tu vês, não é com seriedade (*spoudḗ*) que ele irá *escrever sobre a água* (*en húdati grápsei*, provérbio equivalente a "escrever sobre a areia") essas coisas com tinta, servindo-se de um cálamo para semear com discursos (*mélani speírōn dià kalámou metà lógōn*), que não são apenas incapazes de se dar assistência (*boētheîn*) pela fala, mas incapazes também de ensinar convenientemente a verdade (276 a c).

O esperma, a água, a tinta, a pintura, o tingimento perfumado: o *phármakon* penetra sempre como o líquido, ele se bebe, se absorve, se introduz no interior que ele marca, primeiramente, com a dureza do tipo, invadindo-o em seguida e inundando-o com seu remédio, sua beberagem, sua bebida, sua poção, seu veneno.

No líquido, os opostos passam mais facilmente um no outro. O líquido é o elemento do *phármakon*. E a água, pureza do líquido, se deixa o mais facilmente, o mais perigosamente, penetrar e depois se corromper pelo *phármakon*, com o qual se mistura e se compõe tão rapidamente. De onde, dentre as leis que devem governar a sociedade agrícola, aquela que protege severamente a água. E antes de tudo contra o *phármakon*:

> A água é, dentre todos os alimentos da jardinagem, seguramente o mais nutritivo, mas ela é fácil de corromper: nem a terra, com efeito, nem o sol, nem os ventos que nutrem as plantas são fáceis de perder pelas drogas (*pharmakeúsesin*), derivações ou mesmo roubos, mas a água está, por natureza, exposta a todos esses inconvenientes: é preciso também uma lei para protegê-la. Eis então esta lei: Qualquer um que destrua voluntariamente em propriedade alheia a água de fonte ou de cisterna, seja drogando-a (*pharmakeíais*), estancando-a em fossas ou roubando-a, sua vítima o citará diante dos astinomes, declarando por escrito o montante do prejuízo. Aquele que for reconhecido culpado de prejuízos causados por drogas (*pharmakeíais*), deverá não apenas pagar a multa, mas ainda purificar as fontes de água ou a cisterna, conformando-se às regras formuladas imperativamente para esta purificação, pelos intérpretes, segundo as circunstâncias e as pessoas (*Leis*, VIII, 845 d e).

A escritura e a fala são, pois, agora, dois tipos de rastros, dois valores do rastro; *um*, a escritura, é rastro perdido, semente não viável, tudo o que no esperma se gasta sem reserva, força extraviada fora do campo da vida, incapaz de engendrar, de se repor e regenerar a si mesma. Ao contrário, a fala viva faz frutificar o capital, ela não desvia a potência seminal para um gozo sem paternidade. No seu seminário, ela conforma-se à lei. Nela se marca ainda a unidade entre *lógos* e *nómos*. De que lei? O ateniense assim o enuncia:

> "... é exatamente o que eu entendia ao falar do procedimento que tenho para impor esta lei que pede que se obedeça à natureza no acasalamento destinado à procriação; que não se interfira no sexo masculino; que não se mate deliberadamente a raça humana; que não se jogue a semente entre as pedras e as rochas, onde jamais fincará raízes de modo a reproduzir sua própria natureza; que se se abstenha, enfim, no campo feminino, de todo trabalho que se recusa voluntariamente à fecundação. Se esta lei adquire,

ao mesmo tempo, permanência e força, tanta força quanto tem agora aquela que proíbe todo comércio entre pais e filhos, e se, nos outros comércios, ela obtém, como deve, a mesma vitória, será mil e mil vezes benéfica. Sua conformidade à natureza é, com efeito, seu primeiro mérito; ainda, essa onda erótica e essa loucura, e todos esses adultérios, e todos esses excessos no beber e comer, ela os desvia dos homens e os leva a amar suas próprias mulheres; enfim, numerosos outros bens se produzirão, desde que se tenha podido impor com mestria esta lei. Mas, talvez, erguer-se-á diante de nós algum homem forte e jovem, cheio de uma semente abundante (*polloû spérmatos mestós*) que, tendo ouvido promulgar esta lei, cobrirá de injúrias a nós seus autores, por nossos imbecis e impossíveis decretos, e encherá tudo com seu clamor..." *(Leis*, VIII, 838 e-839 b).

Poder-se-ia fazer comparecer aqui a escritura e a pederastia de um jovem chamado Platão. E sua relação ambígua com o suplemento paterno: para reparar sua morte, ele transgrediu a lei. Ele repetiu a morte do pai. Esses dois gestos se anulam ou se contradizem. Quer se trate de esperma ou de escritura, a transgressão da lei está, antecipadamente, submetida a uma lei da transgressão. Esta não é pensável numa lógica clássica, mas apenas na gráfica do suplemento ou do *phármakon*. Desse *phármakon* que pode servir tão bem à semente da vida quanto à semente da morte, ao nascimento quanto ao aborto. Sócrates bem o sabia:

> SÓCRATES: Ainda não sabem as parteiras, com suas drogas (*pharmákia*) e seus encantamentos, despertar as dores ou reduzi-las à vontade, conduzir a termo os partos difíceis e, se lhes parece correto, abortar o fruto ainda não maduro, provocar o aborto? (*Teeteto*, 149 c d).

A cena se complica: condenando a escritura como filho perdido ou parricida, Platão se conduz como um filho *escrevendo* essa condenação, reparando e confirmando assim a morte de Sócrates. Mas nesta cena em que marcamos a ausência, ao menos aparente, da mãe, Sócrates não é nem por isso o pai, apenas o *suplente* do pai. Este parteiro, filho de parteira, este intercessor, este casamenteiro não é nem um pai, mesmo que ocupe o lugar do pai, nem um filho, mesmo que seja também o camarada ou o irmão dos filhos e que obedeça a voz paterna do deus. Sócrates é a relação suplementar entre o pai e o filho. E quando dizemos que Platão escreve *a partir da* morte do pai, não pensamos apenas num tal acontecimento intitulado "a morte de Sócrates", do qual é dito que Platão não assistiu (*Fédon*, 59 b: "Platão, creio, estava doente"); mas, antes de tudo, na esterilidade da semente socrática abandonada a si mesma. Sócrates sabe que não será, nunca, nem filho, nem pai, nem mãe. A arte da casamenteira deveria ser aquela mesma da parteira (é à "mesma arte que pertence o cuidar e recolher os frutos da terra e o conhecer em que terra qual planta e qual semente se deve lançar"), se a prostituição e a transgressão da lei não as tivesse separado. Se a arte de Sócrates ainda é superior àquela de uma casamenteira-parteira, é sem dúvida porque ele deve distinguir entre o fruto aparente ou falso (*eídōlon kaì pseûdos*) e o fruto vivo e verdadeiro (*gônimon tè kaì alēthḗs);* mas Sócrates participa no essencial da sorte das parteiras: a esterilidade. "Eu tenho, com efeito, a mesma impotência das parteiras... dar nascimento aos outros é uma obrigação que o deus me impõe, procriar é potência da qual me afastou." E lembremo-nos da ambiguidade do *phármakon* socrático, anxiógeno e tranquilizante: "Ora, essas dores, minha arte tem a potência de despertá-las ou acalmá-las" (*Teeteto*, 150 a-151 e).

A semente deve, pois, submeter-se ao *lógos*. E assim violentar-se, pois a tendência natural do esperma se opõe à lei do *lógos*: "É essa medula que chamamos em nossos discursos anteriores o esperma. Ela tem uma alma e respira. A abertura pela qual respira lhe dá a concupiscência vital de sair ao fora. E é assim que a medula produziu o amor da geração. Daí vem que, nos machos, o que se refere à substância das partes pudendas é insolente e autoritário, tal como um vivo rebelde ao raciocínio (*toû lógou*), e se esforça, sob a ação dos seus desejos furiosos, em tudo dominar" (*Timeu*, 91 b).

É preciso ficar atento: no instante em que Platão parece reanimar a escritura fazendo da fala viva uma espécie de grafia psíquica, ele mantém esse movimento no interior de uma problemática da *verdade*. A escritura *entê psuchê* não é uma escritura de rompimento, mas apenas de ensinamento, de transmissão, de demonstração, no melhor dos casos de descobrimento, escritura de *alêtheia*. Sua ordem é aquela da didática ou da maêutica, em todo o caso da elocução. Da dialética. Essa escritura deve ser capaz de se manter a si mesma no diálogo vivo e sobretudo de ensinar convenientemente o verdadeiro, tal como ele é *desde então* constituído.

Essa autoridade da verdade, da dialética, do sério, da presença, não se desmentirá ao fim desse admirável movimento, quando Platão, após ter de algum modo reapropriado a escritura, leva a ironia — e o sério — até a reabilitação de um certo jogo. Comparada a outros jogos, a escritura lúdica e hipomnésica, a escritura de segunda ordem vale mais, deve "passar adiante". À frente de seus outros irmãos, pois ainda há piores na família. Assim, de vez em quando, o dialético se divertirá escrevendo, acumulando os monumentos, os *hupomnêmata*. Mas ele o fará colocando-os ao serviço da dialética e para deixar um rastro (*íchnos*) a quem queira seguir sua pista na via da verdade. O limite passa agora, mais do que entre a presença e o rastro, entre o rastro dialético e o rastro não dialético, entre o jogo no "bom" sentido e o jogo no "mau" sentido da palavra.

SÓCRATES: Esses pequenos jardins em caracteres de escritura, será, ao contrário, segundo toda a aparência, para se divertir (*paidiâs khárin*) que ele os semeará e escreverá; mas quando lhe acontece de escrever, é um tesouro de rememorações (*hupomnêmata*) o que assim se constitui, e para ele mesmo no caso em que chegue à esquecida velhice, e a qualquer um que siga o mesmo rastro (*tautòn íkhnos*). Ele terá prazer em ver crescer esses cultivos suaves; outros terão outras diversões, enchendo-se de bebidas e ainda de todos os prazeres que são irmãos daqueles, enquanto ele, é bem provável, preferirá aqueles dos quais falo e que são a diversão de sua existência!

FEDRO: Que magnificência, Sócrates, em vista da baixeza dos outros, na diversão de que falas: aquela do homem capaz de se divertir na composição literária (*en logois*), imaginando belos discursos sobre a Justiça, assim como sobre as outras coisas por ti nomeadas!

SÓCRATES: De fato, é bem assim, meu caro Fedro. Mas há muito mais beleza, creio, num certo modo de se aplicar com seriedade (*spoudḗ*) a este fim: é quando pelo uso da arte dialética e uma vez encontrada a alma que é apropriada para isto, plantam-se nela e semeiam-se discursos que o saber acompanha (*phuteúē te kaì speírē met' epistḗmēs lógous*); discursos capazes de dar assistência (*boē theîn*) a si mesmos assim como àquele que os plantou e que, ao invés de serem estéreis, têm neles uma semente da qual, em outros deste lugar (*en állois éthesi*), crescerão outros discursos; sempre prontos a procurar, de forma infatigável, esse mesmo efeito e de realizar naquele que o possui o mais alto grau de felicidade que seja possível para um homem! (276 d-277 a.)

NOTAS AO OITAVO CAPÍTULO

[1] J.P. Vernant assinala uma tal "democratização" de e pela escritura na Grécia clássica. "A esta importância que toma então a palavra, tomada doravante o instrumento por excelência da vida política, corresponde também uma mudança na significação social da escritura. Nas realezas do Oriente Próximo a escritura era a especialidade e o privilégio dos escribas. Ela permitia à administração real controlar, contabilizando-a, a vida econômica e social do Estado. Ela visava a constituição de arquivos mantidos sempre mais ou menos em segredo no interior do palácio..." Na Grécia clássica, "ao invés de ser o privilégio de uma casta, o segredo de uma classe de escribas trabalhando para o palácio do rei, a escritura toma-se 'coisa comum' a todos os cidadãos, um instrumento de publicidade... As Leis devem ser escritas... As consequências desta transformação do estatuto social da escritura serão fundamentais para a história intelectual", op. cit., pp. 151-152 (cf. também p. 52, p. 78, e *Origines de la pensée grecque*, pp. 43-44). Ora, não podemos dizer que Platão continua a pensar a escritura a partir do lugar do rei, a apresentá-la no interior das estruturas então proscritas da *basileía*? Sem dúvida nos mitemas que informam aqui seu pensamento. Mas, por outro lado, Platão acredita na necessidade de escrever as leis; e a suspeita das virtudes ocultas da escritura visaria antes uma política não "democrática" da escritura. É preciso desembaraçar todos esses fios e respeitar todas essas etapas ou distâncias. O desenvolvimento da escritura fonética é, em todo o caso, inseparável do movimento de "democratização".

[2] O órfão é sempre, no texto de Platão — e em qualquer outra parte —, o modelo do perseguido. Insistíamos em começar pela afinidade da escritura e do *mûthos*, na sua oposição comum ao *lógos*. A orfandade é talvez um outro traço de parentesco. O *lógos* tem um pai; o pai do mito é quase sempre inencontrável: donde a necessidade da assistência (*boḗtheia*) da qual fala o *Fedro* a propósito da escritura como órfã. Ela aparece também em outro ponto:
SÓCRATES: ...Assim foram anulados o mito de Protágoras e o teu, que, ao mesmo tempo, identificam ciência e sensação.
TEETETO: Aparentemente.
SÓCRATES: Mas não realmente, imagino, meu caro, pois se ao menos o pai do primeiro mito vivesse, ele nos teria preparado muitos golpes: mas não há mais que um órfão aqui, e nós o arrastamos na lama. Ainda mais que os próprios tutores que Protágoras lhe deixou recusam-lhe todo socorro (*bo theín*), a começar pelo nosso Teodoro. Somos, pois, nós que devemos nos arriscar, por escrúpulo de justiça, a lhe prestar socorro (*boēthein*).
TEODORO: ... nós te seremos gratos se queres mesmo socorrê-lo (*boētheîs*).
SÓCRATES: Bem falado, Teodoro. Considera pois meu socorro (*boetheian*), tal como o trago... (*Teeteto*; 164 d-165 a).

[3] Cf. M.J. Milne, *A study in Alcidamas and his relation to contemporary sophistic*, 1924. P.M. Schuhl, *Platon et l'art de son temps*, p. 49.
Outra alusão aos filhos legítimos em 278 a. Sobre a oposição dos bastardos e dos filhos bem-nascidos (*nóthoi/gnḗsioi*), cf. especialmente a *República* (496 a: os "sofismas" não têm nada de "*gnḗsion*"), o *Político* (293 e: as "imitações" de constituições não são "bem-nascidas"). Cf. também *Górgias*, 513 b; *Leis*, 741 a etc.

[4] Uma alusão análoga ao agricultor se encontra no *Teeteto* (166 a sq), abordada numa problemática semelhante, no centro da extraordinária apologia de Protágoras, a quem Sócrates faz dizer em particular suas quatro (não-)verdades que nos importam aqui no mais alto grau: onde se cruzam os corredores desta farmácia.
SÓCRATES: Tudo o que em sua defesa acabamos de dizer, será atacado por ele, imagino, com grande desprezo por nós, e dirá: "Eis então esse bravo Sócrates! Teve medo uma criança à qual perguntou se o mesmo homem pode, ao mesmo tempo,

lembrar-se de uma coisa e não sabê-la. A criança teve medo e disse não, porque não podia prever; e o ridicularizado sou eu: Sócrates argumentou para demonstrar isso [...] Pois eu afirmo que a Verdade é tal como a escrevi (*ôs gegrapha*): cada um de nós é a medida do que é e do que não é. Infinita, no entanto, é a diferença de um a outro (*murion mentoi diapherein eteron eterou autô toutô*) [...] Esta definição (*lógon*) mesma, não vá segui-la palavra por palavra (*tô remati*) em sua fórmula. Eis, antes, o que te fará, ainda mais claramente, compreender o que quero dizer. Lembra-te, por exemplo, do que dizíamos anteriormente: que ao doente uma comida parece e é amarga e que ao homem saudável é e parece o contrário. Tomar um dos dois mais sábio não se deve fazer, nem, em realidade, se pode fazer; nem tampouco acusar de ignorância o doente porque suas opiniões têm tal sentido e declarar sábio o saudável porque as suas têm outro sentido. É preciso fazer a inversão (*metableteon*) dos estados; pois uma dessas disposições vale mais que a outra. Do mesmo modo, na educação, é de uma disposição a uma disposição que vale mais que se deve fazer a inversão: ora, o médico produz esta inversão pelos remédios (*pharmákois*), o sofista por seus discursos (*lógois*) [...] Quanto aos sábios (*sophoús*), amigo Sócrates, estou bem distante de procurá-los entre as rãs; eu os encontro, para o corpo, nos médicos; para as plantas, nos agricultores [...] Assim, há pessoas mais sábias (*sophôteroi*) que as outras, sem que ninguém tenha opiniões falsas..."

[5] "Nas festas de Adônis", nota Robin, "fazia-se crescer, fora de época, numa concha, num cesto, num vaso, plantas que morriam logo em seguida: oferendas que simbolizavam o fim prematuro do amado de Afrodite." Adônis, nascido numa árvore — metamorfose de Myrrha — foi amado e banido por Vênus, depois por Marte, ciumento e transformado em javali: que o mata com uma ferida na coxa. Nos braços de Vênus, acudido tarde demais, ele se torna uma anêmona, flor efêmera da primavera. Anêmona, isto é, sopro. Aproximaremos da oposição agricultor/jardineiro (frutos/flores; durável/efêmero; paciência/pressa; sério/jogo etc.) o tema do duplo dom nas *Leis*: "Quanto aos frutos de outono, uma parte deve ser dada a cada um, da seguinte maneira: é a própria deusa quem nos gratifica com um duplo dom; um é o brinquedo de Dionísio (*paidiàn Dionusiáda*) e não se guarda, o outro está destinado por natureza a ser conservado. Estabeleçamos pois, para os frutos de outono, a seguinte lei: qualquer um que provar os frutos ditos campestres, uvas ou figos, antes que tenha chegado, com a saída de Arcturus, a estação das vindimas... deverá pagar a Dionísio cinquenta dracquimas sagrados etc." (VIII, 844 d e).
No espaço problemático que reúne, opondo-as, a escritura e a agricultura, poderíamos facilmente mostrar que os paradoxos do suplemento como *phármakon* e como escritura, como gravura e como bastardia etc., são os mesmos que aqueles do enxerto, da operação de enxertar (que significa "gravar"), do enxertador, do escrivão (em todos os sentidos dessa palavra), da enxertadeira e do ramo a ser enxertado. Poderíamos também mostrar que todas as dimensões (biológicas, psíquicas, éticas) mais modernas do problema do enxerto, inclusive quando concernem às partes que se consideram hegemônicas e perfeitamente "claras" do que acreditamos ser o indivíduo (o intelecto ou a cabeça, o afeto ou o coração, o desejo ou os rins), estão apreendidas e incluídas no gráfico do suplemento.

[6] Alcidamas tinha definido também a escritura como um jogo (*paidiá*). Cf. Paul Friedlander, *Platon: Seinswahrheit und Lebenswirklichkeit*, parte 1, cap. V, e A. Diès, op. cit., p. 427.

9. O JOGO: DO *PHÁRMAKON* À LETRA E DO CEGAMENTO AO SUPLEMENTO

> "Kaì tễ tês spoudēs adelphē paidiâ."
> (Carta VI, 323 d.)

> "Lógos de gễ en hễ tês sễs diaphorótētos hermēneía."
> (*Teeteto*, 209 a)

Pôde-se acreditar que Platão simplesmente condenava o jogo. E ao mesmo tempo a arte da *mimēsis*, que é apenas uma espécie dele.[1] Mas quando se trata do jogo e de seu "contrário", a "lógica" é necessariamente inesperada. O jogo e a arte, Platão os perde salvando-os, e seu *lógos* é então submetido a essa exigência inaudita que nem sequer se pode chamar "lógica". Platão fala bem do jogo. Ele pronuncia seu elogio. Mas o elogio do jogo "no melhor sentido da palavra", se assim se pode dizer, sem anular o jogo sob a idiotice tranquila de uma tal precaução. O melhor sentido do jogo é o jogo vigiado e contido nas camisas de força da ética e da política. É o jogo compreendido sob a categoria inocente e inofensiva do *divertido*. Da diversão: tão deturpante quanto seja, a tradução frequente de *paidiá* por diversão só faz, sem dúvida, consolidar a repressão platônica do jogo.

A oposição *spoudé/paidiá* nunca será de simples simetria. Ou bem o jogo *não é nada* (é sua única *chance*), não pode dar lugar a nenhuma atividade, a nenhum discurso digno desse nome, ou seja, carregado de verdade ou ao menos de sentido. Ele é então *álogos* ou *átopos*. Ou então o jogo começa a *ser* alguma coisa e sua presença mesma dá ensejo a alguma confiscação dialética. Ele ganha sentido e trabalha a serviço do sério, da verdade, da ontologia. Apenas os *lógoi perì óntōn* podem ser levados a sério. Assim que chega ao ser e à linguagem, o jogo *se desfaz como tal*.

Da mesma forma que a escritura deve *se desfazer como tal* diante da verdade etc. É que não há *como tal* da escritura e do jogo. Não tendo essência, introduzindo a diferença como condição da presença da essência, abrindo a possibilidade do duplo, da cópia, da imitação, do simulacro, o jogo e a grafia vão, sem cessar, desaparecendo. Eles não podem, pela afirmação clássica, ser afirmados sem ser negados. Platão tenta assim levar o jogo a sério. É o que mais acima chamamos seu belo jogo. Não apenas seus escritos são definidos como jogo,[2] mas os negócios dos homens em geral não devem, segundo ele, ser levados a sério. Conhece-se esse famoso texto das *Leis*. Releia-mo-lo, no entanto, para seguir nele a assunção teológica do jogo nos jogos, a neutralização progressiva da *singularidade* do jogo:

> Seguramente não vale a pena levar a sério os negócios humanos (*megálēs mèn spoudês ouk áxia*); contudo, somos forçados a levá-los a sério, e está aí nosso infortúnio. Mas, já que estamos onde estamos, orientar para algum objeto de maneira concebível esse zelo inevitável será, talvez, uma tarefa a nosso alcance (*ēmîn súmmetron*) [...] Quero dizer que é preciso aplicar-se com seriedade ao que é sério, não ao que não o é; que por natureza Deus merece todo nosso afortunado zelo (*makaríou spoudês*), mas que o homem, como já o dissemos,[3] foi feito para ser apenas um brinquedo (*paíginon*) nas mãos de Deus, e está aí, realmente, o melhor de sua parte. Eis, pois, a que papel deve, ao longo de sua vida, conformar-se todo homem e toda mulher, jogando os mais belos jogos que existam, mas num sentido inteiramente diverso ao que eles têm hoje [...] Hoje imagina-se, em suma, que as coisas sérias devem ser feitas tendo em vista os jogos: assim, pensa-se, as tarefas da guerra, que são sérias, devem ser bem conduzidas tendo em vista a paz. Ora, a guerra, na verdade, nunca pôde nos oferecer a realidade nem a promessa de um jogo autêntico ou de uma educação digna desse nome, que são precisamente, aos nossos olhos, nós o afirmamos, a tarefa séria por excelência. Além disso, é na paz que é preciso viver, e o melhor que se possa, a maior parte de sua existência. Onde está, pois, o caminho correto? Viver a jogar, jogando jogos tais como

os sacrifícios, os cantos, as danças, que nos permitirão ganhar o favor dos deuses, repelir os ataques de nossos inimigos e vencê-los no combate... (803 b.)

O jogo sempre se perde salvando-se nos jogos. Seguimos em outra parte, na "época de Rousseau",[4] esta desaparição do jogo nos jogos. Esta (não-) lógica do jogo e da escritura permite compreender algo diante do que muito nos surpreendemos:[5] por que, subordinando ou condenando a escritura e o jogo, Platão escreveu tanto, apresentando, *a partir da morte* de Sócrates, seus escritos como jogos, e *acusando* o escrito no escrito, levantando contra ele esta acusação (*graphé*) que nunca cessou de ressoar até nós?

Que lei comanda esta "contradição", esta oposição a si do dito contra a escritura, dito que se diz contra si mesmo desde o momento em que se escreve, que escreve sua identidade e levanta sua propriedade *contra* esse fundo de escritura? Esta "contradição", que não é outra que a relação a si da dicção opondo-se à inscrição, *expulsando-se* a si mesma ao perseguir o que é propriamente sua *armadilha*, esta contradição não é contingente. Bastaria, desde logo, para convir, notar que o que parece se inaugurar na literatura ocidental com Platão não deixará de se reeditar ao menos em Rousseau, depois em Saussure. Nesses três casos, nessas três "épocas" da repetição do platonismo que nos dão um novo fio a seguir e a reconhecer outros nós na história da *philosophía* ou da *epistémē*, a exclusão e o rebaixamento da escritura devem em alguma parte compor, na sua declaração mesma, com

1. uma escritura geral, e nela com
2. uma "contradição": a proposição escrita do logocentrismo; a afirmação simultânea do estar-fora do fora e de sua intrusão nefasta no dentro;
3. a construção de uma obra "literária". Antes dos *Anagramas* de Saussure, houve aqueles de Rousseau; e a obra de Platão pode ser lida em sua textura anagramática, além e independentemente

de seu "conteúdo" logocêntrico, que é aí, então, apenas uma "função" inscrita.

É assim que a "linguística" elaborada por Platão, Rousseau e Saussure deve, de uma só vez, pôr a escritura fora de questão e lhe tomar, no entanto, por razões essenciais, todo seu recurso demonstrativo e teórico. Nós tentamos mostrá-lo, em outra parte, para os genoveses. O caso é ao menos tão nítido no que diz respeito a Platão.

Sabe-se que Platão *explica-se* frequentemente *com* as letras do alfabeto. Ele se explica com elas, isto quer dizer que ele parece se servir delas para explicar a dialética, não para "se explicar-com" a escritura da qual se serve. Sua intenção é então de aparência didática e analógica. Mas ela obedece uma necessidade constante, que nunca é tematizada como tal: é sempre para fazer aparecer a lei da diferença, a irredutibilidade da estrutura e da relação, da proporcionalidade, da analogia.

Notamos mais acima que *túpos* podia designar com a mesma pertinência o caráter gráfico e o modelo eidético. Na *República*, antes mesmo de se servir da palavra *túpos* no sentido de forma--modelo (*eîdos*), Platão teve de recorrer, sempre para fins aparentemente pedagógicos, ao exemplo da letra como modelo que é preciso conhecer antes de reconhecer suas cópias, os ícones no reflexo da água ou do espelho:

> "Quando aprendemos a ler, só nos acreditávamos capazes o suficiente quando sabíamos distinguir as letras, que são aliás em pequeno número em todas as combinações em que entram, sem negligenciar nenhuma como inútil de se notar, qualquer que fosse o espaço, grande ou pequeno, que ela ocupasse, mas nos esforçando, ao contrário, em distingui-las em todas as ocorrências, porque esse era, ao nosso ver, o único meio de nos tomarmos bons leitores [...] E se as imagens das letras (*eikónas grammátōn*) são representadas na água ou num espelho, nós não as reconheceremos antes de conhecer as próprias letras; pois tudo isso é objeto da mesma arte e do mesmo estudo" (402 a b).

Sem dúvida, somos prevenidos pelo *Timeu*: em todas essas *comparações* com a escritura, não se deve tomar as letras ao pé da letra. Os *stoikheîa toû pantós*, os elementos (ou letras) do todo não se unem como sílabas (48 c). "Não convém nem mesmo compará-los com alguma semelhança a sílabas, tão limitado quanto se seja."[6] E contudo, no *Timeu*, não apenas todo o jogo matemático das proporcionalidades remete a um *lógos* que pode prescindir da voz, o cálculo de Deus (*logismòs theoû*) (34 a) podendo se exprimir no silêncio das cifras; mas, além disso, a introdução do *outro* e da *mistura* (35 a), a problemática da causa errante e do lugar — terceiro gênero irredutível —, a dualidade dos paradigmas (49 a), tudo isso "obriga" (49 a) a definir como *rastro* a origem do mundo, quer dizer, a inscrição das formas, dos esquemas, na *matriz*, no *receptáculo*. Numa matriz ou num receptáculo que não estão em parte alguma e nunca são oferecidos sob a forma da presença ou na presença da forma, uma ou outra supondo, desde então, a inscrição na mãe. Aqui, em todo o caso, as construções que chamamos com algum embaraço as "metáforas de Platão" são exclusiva e irredutivelmente escriturais. Façamos ver, antes de tudo, um desses signos de embaraço no seguinte prefácio ao *Timeu*: "Para conceber o lugar é preciso sempre, por uma abstração quase irrealizável, separar, destacar os objetos do 'lugar' que eles ocupam. Contudo, essa abstração nos é imposta pelo próprio fato da mudança, já que dois objetos diferentes não podem coexistir no mesmo lugar e já que, sem mudar de lugar, um objeto pode se tornar' outro'. Por conseguinte, só podemos nos representar o 'lugar' em si por metáforas. Platão empregou várias, suficientemente diferentes, que muito embaraçaram os modernos. O 'local', o 'lugar', 'isso em que' as coisas aparecem, 'isso sobre que' elas se manifestam, o 'receptáculo', a 'matriz', a 'mãe', a 'nutriz,', todas essas fórmulas nos fazem pensar no espaço que contém as coisas. Mas, mais adiante, trata-se do 'porta-marcas', do 'excipiente', da substância inteiramente desodorizada na qual os perfumistas fixam os odores, do ouro no qual o bijuteiro pode imprimir quantidades de figuras diversas" (Rivaud, ed. Budé, p. 66). Eis a passagem para além de todas as oposições do "platonismo", em direção à aporia da inscrição originária:

... Então, havíamos distinguido duas espécies de ser. Agora, precisamos descobrir um terceiro gênero. Com efeito, as duas primeiras espécies foram suficientes para nossa exposição anterior. Uma, havíamos suposto ser a espécie do Modelo (*paradeígmatos*), espécie inteligível e imutável; a segunda, cópia do Modelo, era sujeita ao nascimento e visível. Não distinguimos, então, uma terceira, porque havíamos suposto que essas duas seriam suficientes. Mas, agora, a sequencia de nosso raciocínio parece nos forçar a conceber, com nossas palavras, essa terceira espécie, difícil e obscura. Quais propriedades seria preciso supor que ela tem naturalmente? Antes de tudo, uma do seguinte gênero: ela é o suporte e tal como a nutriz (*hupodokhèn autèn hoíon títhēnen*) de todo nascimento (*pásēs genéseōs*) [...] [A esta nutriz] convém dar sempre o mesmo nome. Pois, jamais ela poderá perder absolutamente suas propriedades. Com efeito, ela recebe sempre todas as coisas e nunca, em nenhuma circunstância, assume em nada uma figura semelhante a nenhuma daquelas que entram nela. Pois é, por natureza, um porta-marca (*ekmageîon*) para todas as coisas. Ela é posta em movimento e recortada em figuras pelos objetos que penetram nela e, graças à ação destes, aparece ora sob um aspecto, ora sob outro. Quanto às figuras que entram ou saem dela, são as imagens dos seres eternos (*tôn óntōn aeì mimḗmata*), que estes imprimem nela (*tupóthenta*), de um certo modo difícil de expressar e maravilhoso, cuja descrição adiamos. No momento, que seja suficiente fixar-se no espírito esses três gêneros de ser: aquele que nasce, aquele no qual este nasce e aquele à semelhança do qual se desenvolve o que nasce. E convém comparar o receptáculo a uma mãe, o modelo a um pai, e a natureza intermediária entre os dois a uma criança. Além disso, é preciso conceber também o seguinte: a marca devendo ser muito diversa e apresentar aos olhos todas as variedades, aquilo no que se forma esta marca seria impróprio para recebê-la se não fosse absolutamente isento de todas as figuras que deve receber de outra parte distinta [...] Por isso, não diremos que a mãe é o receptáculo de tudo o que nasce, de tudo o que é visível e de uma maneira geral, objeto de sensação, seja a terra ou o ar ou o fogo, nem nenhuma das coisas que nascem dessas ou das quais essas nascem. Mas se disséssemos que ela é uma certa espécie invisível e sem forma, que recebe tudo e participa do inteligível de um modo muito embaraçoso e difícil de compreender, nós não mentiríamos (48 e-51 b; A *khõra* está plena de tudo o que se dissemina aqui. Penetraremos nisso em outro ponto).

Donde, um pouco mais adiante, o recurso ao sonho, como nesse texto da *República* (533 b), em que se trata de "ver" o que não se deixa pensar simplesmente na oposição do sensível e do inteligível, do hipotético e do anipotético, uma certa *bastardia* da qual não se exclui que a noção (*nothos*) tenha sido familiar a Demócrito (Rivaud, *Le problème du devenir et la notion de la matière...*, p. 310, n. 744):

... há sempre um terceiro gênero, aquele do lugar: não pode morrer e fornece uma localização a todos os objetos que nascem. Ele próprio só é perceptível graças a uma espécie de raciocínio híbrido (*logismô tini nothô*: raciocínio *bastardo*) que não acompanha a sensação: apenas se pode acreditar nele. É ele, por certo, que percebemos como num sonho, quando afirmamos que todo ser está, forçosamente, em alguma parte, num certo lugar, ocupa um certo local, e que o que não está nem sobre a terra, nem em alguma parte no céu não é de forma alguma. Mas todas essas observações e outras, irmãs dessas, que têm por objeto a natureza mesma desse ser, tal como ele é na realidade e fora do sonho, com frequência, em estado de vigília, somos incapazes, pelo fato mesmo dessa espécie de estado de sonho, de distingui-las nitidamente e de dizer o que é verdadeiro (52 b c).

A inscrição é, pois, a *produção do filho* ao mesmo tempo que a constituição de uma *estruturalidade*. O laço entre as relações estruturais de proporcionalidade e a literalidade não aparece apenas no discurso cosmogônico. No discurso político também, e no discurso linguístico.

Na ordem do político, a estrutura é uma escritura. No momento da última dificuldade, quando nenhum outro recurso pedagógico está disponível, quando o discurso teórico não pode mais formular de outro modo a ordem, o mundo, o *cosmos* do político, recorre-se à "metáfora" gramática: a analogia das "grandes letras" e das "pequenas letras" intervém no famoso texto da *República* (368 c e) no ponto em que uma "vista penetrante" é necessária e em que "esta penetração nos faz falta". A estrutura é lida como uma escritura na instância onde a intuição da presença, sensível ou inteligível, vem faltar.

Mesmo gesto no campo linguístico. Como no *Curso de Linguística Geral*, a referência escritural toma-se absolutamente indispensável no ponto em que se trata de dar conta do princípio da diferença e da diacriticidade em geral como condição da significação. Assim se explica a segunda aparição de *Theuth* na cena platônica. No *Fedro*, o inventor do *phármakon* pronunciava em pessoa um longo discurso e apresentava suas letras à aprovação do rei. Mais breve, mais indireta, mais alusiva, sua outra intervenção também nos parece filosoficamente notável. Ela não se faz em nome da invenção da grafia, mas da gramática, da ciência gramatical como ciência das diferenças. É no início do *Filebo*: o debate é aberto sobre as relações entre o gozo (*khaírein*) e a sabedoria ou prudência (*phroneîn*) (11 d). Esbarra-se na dificuldade do *limite*. E, por conseguinte, como no *Timeu*, da composição do mesmo e do outro, do um e do múltiplo, da finitude e da infinitude. "... os antigos, que valiam mais que nós e viviam mais próximos dos deuses, nos transmitiram essa tradição, que tudo o que se pode dizer que existe é feito do um e do múltiplo e contém em si mesmo, originalmente associados (*en autoîs súmphuton*), o limite e a infinitude (*péras de kaì apeirían*)." A dialética é a arte de respeitar esses intermediários (*tà mésa*) (16 c-17 a); Sócrates a opõe à eurística apressada em passar à infinitude. Desta vez, as letras, diferentemente do que se passa no *Fedro*, são encarregadas de introduzir a clareza *(saphḗneia)* no discurso:

PROTARCO: Há nisso que dizes, Sócrates, coisas que creio compreender, e outras para as quais tenho ainda necessidade de algum esclarecimento.
SÓCRATES: Esse esclarecimento, Protarco, as letras te darão; pergunte-o àquelas mesmas que tua infância soletrou.
PROTARCO: Como?
SÓCRATES: O som (*phōnḗ*) que emitimos pela boca é um em todos e cada um de nós e, por outro lado, é de uma diversidade infinita.
PROTARCO: Sem dúvida.
SÓCRATES: E nem uma nem outra coisa basta ainda para nos fazer sábios, seja conhecê-lo como infinito, seja conhecê-lo como um; mas conhecer qual quantidade ele tem e quais diferenças, eis o que faz de cada um de nós um gramático (17 a b).

Após um desvio pelo exemplo dos intervalos (*diastḗmata*) musicais, voltamos às letras para explicar os dias temas e as diferenças fônicas:

SÓCRATES: ...Mas recorramos uma vez mais às letras para esclarecer o que dizíamos [...] Quando foi percebida a infinitude da voz, seja por um deus, seja por algum homem divino — conta uma tradição egípcia, com efeito, que Theuth foi o primeiro a perceber que, nesse infinito, as vogais (*tà phonḗenta*) não são uma, mas múltiplas, e que há, além disso, outras emissões que, sem ter um som, têm no entanto um ruído, e que também elas têm um certo número —, ele pôs à parte, como terceira espécie, o que agora chamamos mudas (*áphōna*); após o que dividiu uma a uma essas mudas que não têm ruído nem som (*áphthonga kaì áphōna*), depois, do mesmo modo, as vogais e as intermediárias, enfim determinou seu número e deu, a cada uma delas e a todas juntas, o nome de elementos (*stoikheion*). Constatando então que nenhum de nós era capaz de aprender qualquer uma dentre elas destacada de todo o conjunto, considerou esta interdependência (*desmón*) como um laço único que faz de todas elas uma unidade e lhes assinalou uma ciência única que nomeou arte gramatical (18 b d).

A "metáfora" escritural intervém, pois, cada vez que a diferença e a relação são irredutíveis, cada vez que a alteridade introduz a determinação e põe um sistema em circulação. O jogo do outro no ser, Platão é obrigado a designá-lo como escritura num discurso que se queria falado em sua essência, em sua verdade, e que no entanto se escreve. E se ele se escreve *a partir da morte de Sócrates*, é sem dúvida por essa razão profunda. A partir da morte de Sócrates, ou seja, também aqui, do parricídio do *Sofista*. Sem a irrupção violenta, contra a venerável e paterna figura de Parmênides, contra sua tese da unidade do ser, sem a intrusão irruptiva do outro e do não-ser, do não-ser como outro na unidade do ser, a escritura e seu jogo não teriam sido necessários. A escritura é parricida. Ainda é casual se, para o Estrangeiro do *Sofista*, a necessidade, a fatalidade do parricídio, "evidente, como se diz, mesmo para um cego (*tuphlô*)" (seria preciso dizer *sobretudo* para um cego), é a condição de possibilidade de um discurso sobre o falso, o ídolo, o ícone, o mimema, o fantasma, e "as artes que deles se ocupam?" E portanto da escritura? Esta não é nomeada a este ponto, mas esta lacuna não impede — ao contrário — que seu laço com todos estes últimos conceitos continue sistemático, e nós o reconhecemos como tal:

> ESTRANGEIRO: É que precisaremos necessariamente, para nos defender, pôr em questão a tese de nosso pai Parmênides (*Tòn toû patròs Parmenídou lógon*) e, forçosamente, estabelecer que o não-ser (*mē ón*) é, sob uma certa relação, e que o ser (*ón*), por sua vez, de algum modo, não é.
> TEETETO: É aí, evidentemente, que precisaremos acentuar o debate (*Phaínetai tò toioutòn diamakhētéon en toîs lógois*).
> ESTRANGEIRO: Como isso não seria evidente e, como se diz, evidente até para um cego? Enquanto não se fizer esta refutação nem esta demonstração, não se poderá, de forma alguma, falar de discursos falsos nem de falsas opiniões, nem de imagens, de cópias, de imitações ou de simulacros, e muito menos de qualquer das artes que deles se ocupam, sem cair, inevitavelmente, em ridículas contradições.
> TEETETO: É bem verdade.
> ESTRANGEIRO: Eis a razão pela qual, precisamente, é chegado o momento de atacar a tese do pai (*tồ patrikồ lógō*), ou de lhe

ceder, sem retomo, o campo, no caso em que, diante da primeira resolução, algum escrúpulo nos retivesse.
TEETETO: Mas, quanto a isso, que absolutamente nada nos retenha (241 d-242 a).

Esse parricídio, que abre o jogo da diferença e da escritura, é uma decisão terrível. Mesmo para um Estrangeiro anônimo. É preciso forças sobre-humanas. E é preciso correr o risco da loucura ou de passar por louco na sociedade sábia e sensata dos filhos agradecidos,[7] Por isso, o Estrangeiro ainda tem medo de não ter forças, de brincar de louco, certamente, mas também de sustentar um discurso que para os sãos seria sem pé nem cabeça; ou ainda, se assim preferimos, de tomar um tal caminho onde não se poderia evitar de andar sobre sua cabeça. Esse parricídio, em todo o caso, será tão decisivo, peremptório e temível quanto uma pena capital. Sem esperança de volta. Nele se joga, se se quiser lhe dar esse nome, sua cabeça ao mesmo tempo que o chefe. Assim, após ter, sem ilusão, pedido a Teeteto que não o considere como parricida (*patraloían*), o Estrangeiro lhe dirige uma outra súplica:

> ESTRANGEIRO: Pela terceira vez, nesse caso, quero pedir-te um pequeno favor.
> TEETETO: Só tens a falar.
> ESTRANGEIRO: Declarei, creio, há pouco, de um modo expresso, que uma tal refutação sempre ultrapassou minhas forças e as ultrapassa, seguramente, ainda.
> TEETETO: Tu o declaraste.
> ESTRANGEIRO: Temo, pois, que o que disse possa te dar chance de me ver como um insensato (*manikós*) que se volta, à vontade, de um extremo a outro (*parà póda metabalôn emautòn anô kaì katô*) (242 a b).

O discurso é então iniciado. O *lógos* paterno está revirado. É, pois, casual se, desde o momento em que o ser apareceu como um *tríton ti*, um terceiro irredutível aos dualismos da ontologia clássica, é preciso, uma vez mais, tomar o exemplo da ciência gramatical e das relações entre as letras para explicar o entrelaçamento que tece o sistema das diferenças (solidariedade-exclusão) dos gêneros ou das formas, a *sumplokḗ tôn eidôn* pela qual "o discurso nos nasceu" (*hà lógos gégonen emîn*) (259 e)? A *sumplokḗ*, também, do ente e do não-ente (240 c)? Para a regra do acordo e do desacordo, da união e da exclusão entre os diferentes, desta *sumplokḗ* "o caso seria o mesmo aproximadamente que aquele das letras" (253 a; cf. o *Político*, em que o "paradigma" da *sumplokḗ* também é literal. 278 a b).[8]

Sem dúvida, a ciência gramatical não é a dialética. Platão tende a subordinar a primeira à segunda (253 b c). E esta distinção é natural, segundo ele; mas o que a justifica em última instância? Ambas são, de certo modo, ciências da linguagem. Pois a dialética é também a ciência que nos guia "*dià tôn lógōn*", através dos discursos ou argumentos (253 b). Nesse ponto, o que a distingue da gramática parece duplo: por um lado, as unidades linguísticas das quais ela se ocupa são maiores que a palavra (*Crátilo*, 385 a--393 d); por outro lado, ela é sempre guiada por uma intenção de *verdade*; apenas pode suplantá-la a presença do *eîdos*, que é aqui, ao mesmo tempo, o significado e o referente: a coisa mesma. A distinção entre gramática e dialética só pode, pois, estabelecer--se, com todo o rigor, no ponto em que a verdade está plenamente presente e preenche o *logos*.[9] Ora, o que estabelece o parricídio do *Sofista* não é apenas a impossibilidade de uma presença *plena* e *absoluta* do ente (do ente-presente o mais "ente": o bem ou sol que não se pode encarar), a impossibilidade de uma intuição plena de (a) verdade, senão que a condição de um discurso, *seja ele verdadeiro ou falso*, é o princípio diacrítico da *sumplokḗ*. Se a verdade é a presença do *eîdos*, ela deve sempre se compor, salvo cegamento mortal pelo fogo do sol, com a relação, a não-presença e, portanto, com a não-verdade. Segue-se que a condição absoluta de uma diferença rigorosa entre gramática e dialética (ou ontologia) não pode em princípio ser preenchida.

Ou, ao menos, ela o pode *no princípio*, no ponto do arqui-ente e da arqui-verdade, mas esse ponto foi barrado pela necessidade do parricídio. Ou seja, pela necessidade mesma do *lógos*. E é a diferença que proíbe que *haja de fato* uma diferença entre gramática e ontologia.

Ora, o que é a impossibilidade de uma verdade ou de uma presença plena do ente, do plenamente-ente? Ou, inversamente, já que uma tal verdade é a morte como absoluto do cegamento, o que é a morte como verdade? Não *o que é?*, já que a forma dessa questão é produzida por aquilo mesmo que ela questiona; mas como se escreve, como se inscreve a impossível plenitude de uma presença absoluta do *ontôs ón*? Como se prescreve a necessidade da multiplicidade dos gêneros e das ideias, da relação e da diferença? Como se traça a dialética?

A invisibilidade absoluta da origem do visível, do bem-sol--capital-pai, o se furtar à forma da presença ou da entidade, todo esse excesso que Platão designa como *epekéina tês ousías* (além da entidade ou da presença) dá lugar, se podemos ainda dizer, a uma estrutura de suplência tal que todas as presenças serão os suplementos substituídos à origem ausente e que todas as diferenças serão, no sistema das presenças, o efeito irredutível do que permanece *epekéina tês ousías*.

Do mesmo modo que, nós o vimos, Sócrates supre o pai, assim também a dialética supre a *nóēsis* impossível, a intuição proibida da face do pai (bem-sol-capital). O retraimento da face abre e limita ao mesmo tempo o exercício da dialética. Ele a ata irremediavelmente aos seus "inferiores", às artes miméticas, ao jogo, à gramática, à escritura etc. A desaparição da face é o movimento da diferência que abre violentamente a escritura ou, se assim preferimos, que se abre à escritura e pelo qual a escritura se abre para si. Todos esses "movimentos", em todos esses "sentidos", pertencem ao mesmo "sistema". Pertencem ao mesmo sistema a proposição da *República*, descrevendo em termos não violentos o inacessível do pai *epekéina tês ousias*, e a proposição parricida que, vinda do Estrangeiro, ameaça o *lógos* paterno. E ameaça ao mesmo tempo a interioridade doméstica e hierarquizada da farmácia, a boa ordem e a boa circulação, a boa ordenação de seus produtos controlados, classificados, dosados, etiquetados, rigorosamente distinguidos em remédios e venenos, sementes de vida e sementes de morte, bons e maus rastros. Unidade da metafísica, da técnica, do binarismo ordenador. Esse domínio filosófico e dialético dos *phármaka* que deveria se transmitir de pai legítimo para filho bem-nascido, uma cena de família o coloca sem cessar em questão, constituindo e fissurando ao mesmo tempo a passagem que religa a farmácia à casa. O "platonismo" é ao mesmo tempo a *repetição* geral desta cena de família e o esforço o mais potente para dominá--la, para abafar seu ruído, para dissimulá-la baixando as cortinas na manhã do Ocidente. Podemos sair à procura de uma outra guarda, desde o momento em que o "sistema" farmacêutico não constrange apenas, de uma só e mesma tomada, a cena do *Fedro*, a cena da *República* e a cena do *Sofista*, a dialética, a lógica e a mitológica platônicas, mas também, parece, algumas estruturas não gregas da mitologia? E se não é seguro que haja algo de tal como "mitologias" não gregas, a oposição *mûthos/lógos* só se autorizando *segundo Platão*, a qual necessidade geral e inominável somos remetidos? Em outros termos, o que significa o platonismo como repetição?

Repitamos. A desaparição do bem-pai-capital-sol é, pois, a condição do discurso, desta vez compreendido como momento e não como princípio da escritura geral. Esta escritura (é) *epekéina tês ousías*. A desaparição da verdade como presença, o se furtar da origem presente da presença é a condição de toda (manifestação de) verdade. A não-verdade é a verdade. A não-presença é a presença. A diferência, desaparição da presença originária, é, *ao mesmo tempo*, a condição de possibilidade e a condição de impossibilidade da verdade. Ao mesmo tempo. "Ao mesmo tempo" quer dizer que o ente-presente (*ón*) na sua verdade, na presença de sua identidade e a identidade de sua presença *se duplica* desde que ele aparece, desde que ele se apresenta. *Ele aparece, na sua essência, como* a possibilidade de sua própria duplicação. Ou seja, em termos platônicos, de sua não-verdade a mais própria, de sua pseudoverdade refletida no ícone, no fantasma ou simulacro. Ele só é o que ele é, idêntico e idêntico a si, único, *acrescentando-se* a possibilidade de ser *repetido* como tal. E sua identidade se escava com este acréscimo, se furta no suplemento que a apresenta.

A desaparição da face ou a estrutura de repetição não se deixam, pois, dominar pelo valor de verdade. A oposição do verdadeiro e do não-verdadeiro está, ao contrário, inteiramente compreendida, *inscrita* nessa estrutura ou nessa escritura geral. O verdadeiro e o não-verdadeiro são espécies da repetição. E só há repetição possível *no gráfico da suplementaridade*, acrescentando, na falta de uma unidade plena, uma outra unidade que vem supri-la, sendo ao mesmo tempo a mesma o bastante e outra o bastante para substituir acrescentando. Assim, por um lado, a repetição é isso sem o que não haveria verdade: a verdade do ente sob a forma inteligível da idealidade descobre no *eîdos* o que pode se repetir, sendo o mesmo, o claro, o estável, o identificável em sua igualdade a si. E apenas o *eîdos* pode dar lugar à repetição como anamnésia ou maêutica, dialética ou didática. Aqui a repetição se dá como repetição de vida. A tautologia é a vida só saindo de si para voltar a entrar em si. Mantendo-se junto a si na *mnḗmē*, no *lógos* e na *phōnḗ*. Mas, por outro lado, a repetição é o próprio movimento da não-verdade: a presença do ente perde-se nele, dispersa-se, multiplica-se por mimemas, ícones, fantasmas, simulacros etc. Por fenômenos, desde então. E esta repetição é a possibilidade do devir sensível, a não-idealidade. Do lado da não-filosofia, da não-memória, da hipomnésia, da escritura. Aqui a tautologia é a saída sem retomo da vida fora de si. Repetição de morte. Despesa sem reserva. Excesso irredutível, pelo jogo do suplemento, de toda intimidade a si do vivo, do bem, do verdadeiro.

Essas duas repetições se referem uma à outra segundo o gráfico da suplementaridade. Isso significa que não se pode mais "separá-las" uma da outra, pensá-las à parte uma da outra, "etiquetá-las", que não se pode na *farmácia* distinguir o remédio do veneno, o bem do mal, o verdadeiro do falso, o dentro do fora, o vital do mortal, o primeiro do segundo etc. Pensado nessa reversibilidade original, o *phármakon* é o *mesmo* precisamente porque não tem identidade. E o mesmo (é) como suplemento. Ou como diferência. Como escritura. Se tivesse *querido-dizer* alguma coisa, tal teria sido o discurso de Theuth fazendo ao rei, da escritura como *phármakon*, um singular presente.

Mas Theuth, sobretudo, não retomou a palavra.
A sentença do grande deus foi deixada sem resposta.

....

Após ter fechado a farmácia, Platão retirou-se, ao abrigo do sol. Caminhou alguns passos na sombra, em direção ao fundo da reserva, curvou-se sobre o *phármakon*, decidiu analisar.

Na espessura líquida, tremulando no fundo da droga, toda a farmácia se refletia, repetindo o abismo de seu fantasma.

O analista, então, pretende distinguir entre duas repetições.

Ele queria isolar a boa da má, a verdadeira da falsa.

Ele se curva ainda: elas se repetem mutuamente.

Portando o *phármakon* numa mão, o cálamo na outra, Platão transcreve o jogo das fórmulas murmurando. O recinto fechado da farmácia amplifica desmesuradamente a ressonância do monólogo. A fala enclausurada bate-se nos cantos, palavras se desprendem, trechos de frases separam-se, membros desarticulados circulam entre os corredores, fixam-se no tempo de um trajeto, nele se traduzem, rearticulam-se, repercutem-se, contradizem-se, formam histórias, retomam como respostas, organizam suas trocas, protegem-se, instituem um comércio interior, tomam-se por um diálogo. Pleno de sentido. Toda uma história. Toda a filosofia.

"*Hē ekḕ toutôn tôn lógōn*... o som dessas palavras murmura em mim e me impede de ouvir qualquer outra coisa."

No murmúrio balbuciante, na passagem de tal sequencia filológica, distingue-se aproximadamente o seguinte, mas entende-se tão mal: o lógos ama-se a si mesmo... *phármakon* quer dizer golpe... "de forma que *phármakon* teria significado: o que concerne um golpe demoníaco ou que é empregado como meio curativo contra tal golpe"... um golpe de força... um golpe disparado... um golpe baixo... mas um golpe por nada... um golpe na água... *en húdati grápsei*... e um golpe de sorte... Theuth que inventou a escritura... o calendário... os dados... *kubeía*... o golpe do calendário... o golpe do imprevisto... o golpe da escritura... o golpe de dados... um golpe que é duplo... *kólaphos*... *gluph*... *colpus*... golpe... glifo... escalpelo... escalpo... *khrusós*, crisólito, crisologia...

Platão tampa as orelhas, para melhor se ouvir-falar, para melhor ver, para melhor analisar.

Ele pretende distinguir, entre duas repetições.

Ele procura o ouro. *Pollákis de legómena kaì aeì akouómena*... "são necessários ditos e reditos, lições contínuas, longos anos, e já é muito se, com grandes esforços, se chega a purificá-los como se purifica o ouro...". E a pedra filosofal. A "encomenda do ouro".

Seria preciso distinguir, entre duas repetições.

— Mas elas repetem-se mutuamente, e ainda, elas substituem-se uma à outra.

— Mas não, elas não se substituem, uma vez que elas se acrescentam...

— Justamente...

É preciso ainda notar isso. E terminar esta Segunda Carta: "... Reflete, então, sobre isso e toma cuidado em não ter que te arrepender um dia do que deixarias hoje divulgar-se indignamente. A maior precaução será não escrever, mas aprender de cor...

tò mē gráphein all' ekmanthánein... pois é impossível que os escritos não acabem por cair no domínio público. Por isso, para a posteridade, eu mesmo não escrevi sobre tais questões... *oud' éstin súngramma Platônos oudèn oud' éstai*, não há obra de Platão e jamais haverá uma. O que atualmente designa-se sob esse nome *Sōkrátous estin kaloû kaì neoû gegónotos...* é de Sócrates no tempo de sua bela juventude. Adeus e obedece-me. Tão logo tenhas lido e relido esta carta, queima-a..."
— Espero que esta aqui não se perca. Rápido, uma cópia... grafite... carbono... relido esta carta... queima-a. Cinzas. E agora seria preciso distinguir, entre duas repetições...
A noite passa. Pela manhã, ouvem-se golpes na porta. Parecem vir do fora, desta vez, os golpes...
Dois golpes... quatro...
— Mas é talvez um vestígio, um sonho, um fragmento de sonho, um eco da noite... esse outro teatro, esses golpes do fora...

NOTAS AO NONO CAPÍTULO

[1] Cf. *República*, 602 b sq; *Político*, 288 c d; *Sofista*, 234 b c; *Leis* II, 667 e-668 a; *Epinomes*, 975 d etc.
[2] Cf. *Parmênides*, 137 b; *Político*, 268 d; *Timeu*, 59 c d. Sobre o contexto e sobre o fundo histórico desta problemática do jogo, cf. especialmente P.M. Schuhl, *Platon et l'art de son temps*, pp. 61-63.
[3] Cf. *Leis* I, 644 d e: "Representemo-nos cada um dos seres vivos que somos como uma marionete (*paígnion*) fabricada pelos deuses; que isto seja um passatempo (*paígnion*) da parte deles ou que tenha um fim sério (*ôs spoudē̃*) é algo que não podemos saber; o que sabemos é que essas afecções, que são em nós como cordas ou fios, nos puxam e, opostas como são, nos arrastam em sentidos inversos entre si para ações contrárias, sobre a linha que separa a virtude do vício. É preciso, declara o raciocínio (*lógos*), que cada um obedeça constantemente a uma só das trações e não a deixe em nenhuma circunstância, resistindo à tração dos outros tendões; essa é a norma de ouro, a sagrada norma da razão (*tḕn toû logismoû agōgḕn khrusẽn kaì hierán*) que nomeamos lei comum da cidade e que, enquanto as outras são de ferro, rígidas e iguais a modelos de toda espécie, é flexível porque é de ouro... etc.". Tenhamos nas mãos, doravante, esta rédea chamada *khrusós* ou *crisologia*.
[4] *De la grammatologie*, p. 443 sq.
[5] As principais referências estão reunidas na *Théorie platonicienne de l'amour*, de Robin, pp. 54-59.
[6] Quanto ao uso das letras, sobre a comparação entre o *Timeu* e o *Jafr*, ciência islâmica das letras como ciência da "permutação", cf. especialmente H. Corbin, *Histoire de la philosophie islamique*, NRF, p. 204 sq.
[7] Teremos todo interesse em articular com esta análise certa passagem das *Leis* (VIII, 836 b c), durante a qual se trata de procurar um *phármakon* para encontrar "uma solução (*diaphugḕn*) fora desse perigo", a saber, da pederastia. O ateniense se indaga, sem nada aguardar disso, o que se passaria "se, com efeito, nos conformássemos à natureza, editando a lei que vigorava antes de Laio (*tḕ phúsei thései tòn prò toû Laíou nómon*) e proclamando que não é permitido usar, com mulheres, homens e jovens...". Laio, a quem o oráculo predisse que seria morto por seu filho, também era o representante do amor contranatura, Cf. "Œdipe", em *Légendes et cultes de héros en Grèce*, por Marie Delcourt, p. 103.
Sabe-se também que, segundo as *Leis*, não há pior crime ou sacrilégio que o assassinato dos pais: tal assassino "mereceria mais que ninguém sofrer várias mortes" (IX 869 b). E mesmo depois da morte, que não é a última punição.
"É preciso, pois, que as punições impostas a essas pessoas por tais crimes, aqui mesmo, durante a vida, não sejam, tanto quanto possível, inferiores em nada àquelas do Hades" (881 b).
[8] Sobre o problema das letras do alfabeto, tal como ele é especialmente tratado no *Político*, cf. V. Goldschmidt, *Paradigme dans la dialectique platonicienne*, Paris: PUF, 1947, pp. 61-67.
[9] A estrutura dessa problemática é inteiramente *análoga* nas *Recherches logiques* de Husserl. Cf. *La voix et le phénomène*. Releremos de outro modo aqui, já que se trata de *sumplokḗ* e de *phármakon*, o fim do *Político*. No seu trabalho de tecelagem (*sumplokḗ*), o real tecelão saberá urdir seu pano encadeando os contrários que compõem a virtude. Literalmente, a *sumplokḗ*, a tecelagem, *intriga-(se) com* o *phármakon*: "É apenas entre caracteres em que a nobreza é inata e mantida pela educação que as leis poderão criá-lo (*katà phúsin mónon dià nómōn emphúesthai*); e para eles que a arte criou esse remédio (*phármakon*); ele é, como dizíamos, o laço verdadeiramente divino que une entre si as partes da virtude, por mais dessemelhantes que sejam, por natureza, e por mais contrárias que possam ser suas tendências" (310 a).

CADASTRO ILUMINURAS

Para receber informações sobre nossos lançamentos e promoções envie e-mail para:

cadastro@iluminuras.com.br

Este livro foi composto em Times pela *Iluminuras* e foi impresso nas oficinas da *Meta,* em Cotia, SP, sobre papel offset 90g.